Theodor Fritsch

Die Stadt der Zukunft

Mit zwei Tafeln und 14 Abbildungen

Theodor Fritsch

Die Stadt der Zukunft
Mit zwei Tafeln und 14 Abbildungen

ISBN/EAN: 9783743694477

Hergestellt in Europa, USA, Kanada, Australien, Japan

Cover: Foto ©Andreas Hilbeck / pixelio.de

Weitere Bücher finden Sie auf **www.hansebooks.com**

Fritſch,

Die neue Gemeinde.

Die neue Gemeinde.

(Begleit-Schreiben zu der Schrift „Die Stadt der Zukunft".)

Der Gedanke, inmitten städtereicher Länder eine neue städtische Siede=
lung anzulegen, mag fremdartig und phantastisch erscheinen. Nichts=
destoweniger will der Plan mit allem nüchternen Ernst verstanden sein;
seine innere Berechtigung findet er durch folgende Betrachtungen.

Der Zuwachs der größeren Städte vollzieht sich unausgesetzt.
Gleichviel ob dieser Zustand wünschenswert ist oder nicht: jedenfalls giebt
es vorläufig keine Macht, die dem Zuge nach der Stadt plötzlich Einhalt
gebieten könnte. Die Großstädte werden also weiter wachsen und in ihrer
Planlosigkeit zu immer scheußlicheren Ungeheuern sich auswachsen.

Sollte dabei die Frage so ganz von der Hand zu weisen sein,
ob man den „Zug nach der Stadt" nicht in vernünftigere Bahnen zu
leiten und durch planvolle Anlegung neuer Städte etwas Besseres zu
schaffen suchte als die wüsten Häuserhaufen, die sich heute Städte nennen?

Freilich, was die Leute nach der Stadt zieht, das ist nicht in
erster Linie das angenehmere Leben als vielmehr vor allem die Erwerbs=
Gelegenheit, der höhere Lohn u. dergl. Und diese Erwerbs=Gelegenheit
würde allerdings in einer neu zu gründenden Stadt, die aus kleinen An=
fängen langsam emporwüchse, zunächst (außer für Bau=Handwerker) nicht
in dem gleichen Maße vorhanden sein, als in der heutigen Großstadt mit
ihrem flott pulsenden Geschäftsleben.

Andrerseits giebt es aber auch Leute genug, die nicht des Er=
werbs wegen in der Stadt wohnen oder deren Beruf sie nicht notwen=
digerweise an die Großstadt fesselt, Leute, die mehr nur der Annehm=
lichkeiten wegen die Stadt vorziehen, weil sie ihnen Geselligkeit, muntres
Treiben und Zerstreuungen aller Art bietet (Pensionäre, Künstler, Gelehrte,
Rentner usw.) In solchen Kreisen nimmt man die Schattenseiten der

Großstadt, als: schlechte Luft, Lärm, Rauch und Staub, teure Mieten in engen Wohnungen, teure Lebensmittel ꝛc. — nur notgedrungen in den Kauf und würde gern einen Aufenthalt an Orten vorziehen, wo sich die unangenehmen Zugaben der heutigen Großstadt nicht fänden, wohl aber die sonstigen Vorzüge des städtischen Lebens.

Aus diesem Grunde entstehen denn auch in der Umgebung großer Städte fortwährend neue Siedelungen von Landhäusern (Villen-Colonien), die, mit der Stadt durch Straßenbahnen verbunden, die Vorteile ländlichen und städtischen Lebens zu vereinigen suchen.

Es handelt sich nun darum, noch einen Schritt weiter zu gehen. Solche Colonien von Landhäusern sind heute immerhin der Gefahr ausgesetzt, im Laufe der Jahrzehnte von der heranwachsenden Großstadt verschlungen und in größerer oder geringerer Nähe mit einem Gürtel von Fabriken oder Miets-Casernen umzingelt zu werden. Warum sollte man eine solche Siedelung nicht noch etwas weiter von der Stadt abrücken, sich ein Gelände von größerem Umfange sichern und die Anlage der Colonie so treffen, daß sie sich allmälig zu einer selbständigen Stadt auswachsen könnte? (Es wäre dabei nicht ausgeschlossen, daß die neue Siedelung an eine vorhandene Ortschaft, etwa an ein hübsches Landstädtchen sich anlehnte.) Der Bebauungs-Plan müßte von vornherein so bemessen sein, daß die Entwicklungs-Fähigkeit der Ortschaft eine unbeschränkte und dabei der planmäßige Charakter der Anlage und ihre vernünftige. Gliederung für immer gewahrt bleibt. Der Lösung dieses Problems gelten meine Vorschläge. Die Mißstände der heutigen Großstadt könnten dabei auf's gründlichste vermieden werden.

Zur Anbahnung eines solchen Unternehmens bedarf es nun gar keiner außerordentlichen Maßregeln. Es bestehen in mehreren Städten (so in Hannover, Stuttgart, Leipzig) sogenannte „Spar-Bau-Vereine", deren Zweck es ist, ihren Mitgliedern billige, gesunde und bequeme Wohnungen in Einfamilien-Häusern mit Garten-Plätzen vor der Stadt zu beschaffen. Die Beteiligung an diesen Vereinen ist überall eine rege; sie zeigen eine rasche gedeihliche Entwicklung. Die Vereine als „Eingetr. Genossenschaften mit beschr. Haftpflicht" erwerben vor den Thoren der Stadt in gesunder Lage, wo der Boden noch nicht allzusehr durch Spekulation verteuert ist, einige Morgen Land und beginnen dort mit der Anlage von Gärten und dem Bau hübscher Landhäuschen, die den Mitgliedern gegen billigen Zins in Miete oder auch gegen allmälige Abzahlung als Eigentum überlassen werden. Die erforderlichen Mittel beschaffen die Vereine durch Spar-Einlagen ihrer Mitglieder; zudem aber genießen sie Bank=Credit, so daß sie unt. Umst. ohne eigene Kapitalien sofort ihre Arbeit beginnen konnten. Da seit allgemeinerer Einführung der electrischen Straßenbahnen die Entfernungen keine so wesentliche Rolle mehr spielen, können solche Siedelungen ohne Schaden 5 oder 10 Kilom. und noch weiter von der Stadt abliegen.

In ganz ähnlicher Weise könnte die Anlage begonnen werden, die zur Verwirklichung des vorgeschlagenen Städteplanes führen soll. Es würde sich nur darum handeln, die ganze Planung auf breiterer Grund= lage zu beginnen, den Gang der Bebauung auf größere Zeiträume vor= zusehen und das System der Zonen=Einteilung zu Grunde zu legen. Wird das Unternehmen zugleich auf dem Prinzip der Boden=Gemeinschaft durch= geführt, so daß Grund und Boden für alle Zeiten Eigentum der Ge= meinde bezw. der Genossenschaft bleibt, so ergeben sich daraus eine Reihe augenfälliger Vorteile. Die freie Verfügbarkeit der Gemeinde über allen Baugrund sichert einer Stadt erst eine vernünftige Entwicklung, wobei nicht nur den Verkehrs=Interessen, sondern auch den gesundheitlichen und schönheitlichen Ansprüchen volles Genüge geleistet werden kann. Aller Bodenwucher und Mietwucher wäre fern gehalten, und die Gemeinde würde aus der Bodenpacht so ansehnliche und gesicherte Einkünfte be= ziehen, daß vielleicht jede andere communale Steuer entbehrlich wäre. Zugleich wäre auf solche Weise ein Versuch mit der Verwirklichung der Bodenrechts=Reform in kleinerem Maßstabe gemacht, dessen Gelingen für die größere Gemeinschaft des Staates vorbildlich werden könnte. Es ist nicht einzusehen, warum man zur Wahrmachung der Bodenreform in ferne unkultivirte Erdteile gehen sollte, wie es vor einigen Jahren versucht und verfehlt worden ist. Unsere Landes=Gesetze stehen der Einführung von Bodenpacht und Unverschuld= barkeits=Erklärung der Liegenschaften auf Grund eines Genossenschafts= Statutes keinesfalls im Wege. Mit dieser Unverschuldbarkeit würde sich aber auf die neue Gemeinde ein freier gesunder Geist niederlassen, der sie vor einer Reihe schwerster Fährnisse bewahrte. Mit diesem einen Grundsatz wären alle jene verderblichen Formen eines Schein=Besitzrechtes ausgeschlossen, die den städtischen Besitz heute verunstalten. Ist doch der städtische Hausbesitzer oftmals nur der herzlose Vertreter der Interessen seiner kapitalistischen Hintermänner, ein Zustand, der den Mieter zum Zins= Sklaven entwürdigt.

Wegen Vernachlässigung dieser wichtigen Grundlage bei neuen Siedelungen ist zu befürchten, daß die oben erwähnten gutgemeinten Spar= Bauvereine nichts Dauerndes schaffen, denn auch sie sind in Gefahr, sehr bald von Hypotheken-Banken in den Dienst des Kapitals gezogen zu werden.

Die Verwirklichung des vorgeschlagenen Stadt-Planes hängt nun keineswegs davon ab, daß die begonnene Siedelung durchaus eine neue Großstadt ergeben müßte; vielmehr kann die Colonie in jedem Stadium der Entwicklung ein abgeschlossenes und lebensfähiges Ganzes bilden. Kommt es nur zu einer Siedelung von einigen Dutzend Häusern, so werden auch diese, wie viele andere kleine Gemeinden, für sich bestehen können — ohne Schaden für den Einzelnen wie für die Allgemeinheit. Die neue Gemeinde braucht sich keineswegs voreilig in Kosten zu stürzen — etwa durch die Herrichtung großer Straßenzüge; sie wird vielmehr Schritt für Schritt nur das unternehmen, was sich als Bedürfniß herausstellt und was sie mit ihren Mitteln bewältigen kann. Die vorherige Festlegung eines großen Bebauungs-Planes soll nur verhindern, daß die Gemeinde bei starker Entwicklung gewissermaßen mit sich selbst in's Gedränge gerät und durch planlose Flickarbeit jenem formlosen und unökonomischen Zustande verfällt, der unseren heutigen Städten wie eine ewige Krankheit anhaftet, fortwährend die Vergeudung unsinniger Summen erfordernd.

Daß die neue Gemeinde aber keinen Zuzug erfahren sollte, ist bei richtiger Wahl der Lage und angesichts der wirtschaftlichen und sonstigen Vorteile, die sie zu bieten vermag, kaum zu befürchten. Die billige Bodenpacht ermöglicht vor allem wohlfeile geräumige Wohnungen; sie gestattet Jedem, selbst dem Arbeiter, die mietweise Erwerbung eines Garten-platzes, sie sichert vor allem eine weitläufigere, luftigere Bebauung und dadurch bessere gesundheitliche Zustände. Kommen billige Lebensmittel hinzu (und das ist recht wohl möglich, weil die ungeheuren Ladenmieten der heutigen Großstädte in Wegfall kommen), so ist bei relativ billigen Löhnen auch eine billige gewerbliche Produktion möglich, die dann ihrerseits ebenfalls das Gedeihen der Gemeinde begünstigen würde. Selbst schon die Niedrigkeit oder das gänzliche Fehlen der communalen Steuern dürfte eine mächtige Anziehungs-Kraft üben.

Die Gemeinde müßte allerdings in der Aufnahme des fremden Zuzuges wählerisch zu Werke gehen. Als Genossenschaft könnte sie sich das Recht wahren, die Aufnahme-Fähigkeit an strenge Bedingungen zu knüpfen und alle unliebsamen Elemente fern zu halten. Körperliche und moralische Gesundheit wären vor allem zu fordern. —

Ginge die Bildung einer solchen Gemeinde von einer Anzahl gesinnungs-verwandter Elemente aus, die in ihren geistigen und sittlichen

Bestrebungen im großen Ganzen einig wären, so ließen sich allerlei wichtige Reformen anbahnen, — Reformen, die heute sozus. in der Luft liegen,
deren Verwirklichung aber an der Trägheit einer zerfahrenen Masse und
an dem Widerstande veralteter Institutionen scheitert. — So auf dem Gebiete der Schulung, der Rechtspflege, der Religions-Uebung, der gesell-
schaftlichen Gebräuche, — was Aeußerlichkeiten anbelangt: hinsichtlich des
Baustiles, der Trachten u. ähnl. m. Auch auf wirtschaftlichem Gebiete wäre
Manches mit Leichtigkeit wahr zu machen, was heute in einer übergroßen
unorganischen Masse undurchführbar erscheint. Daß die Gemeinde zugleich
eine Ein- und Verkaufs-Genossenschaft — wenigstens für die alltäglichsten
Lebens-Bedürfnisse — bildete und auf solche Weise allen schädlichen
Zwischen-Handel fern hielte, erscheint selbstverständlich. Wie weit das
Genossenschafts-Wesen auch auf die gewerbliche Produktion auszudehnen
wäre, würde der praktische Versuch lehren. Ein starkes Gemein-Interesse
würde auf die Pflege von Kunst und Kunst-Handwerk hinarbeiten, so daß
— im Verein mit einer neuen eigenartigen Umgebung, malerischen Trachten,
vernünftigeren Gebräuchen und Volkssitten im Laufe der Jahrzehnte sich
an der geplanten Kulturstätte recht wohl etwas wie ein neuer Kunststil
herausbilden könnte — ja mehr noch: das Hoffen Vieler, eine freie unge-
trübte Entfaltung deutschen Wesens in Geist, Sitte und Geschmack, jene
das mittelalterliche Stadtleben zierende Gemüts-Frische und Humor-Fülle
— in Summa: deutsche Lebenskunst und kunstgestaltetes Leben — eine
deutsche Kultur.

Eine gewisse Abgeschlossenheit für eine solche Pflanzschule deutschen
Lebens scheint aber durchaus erforderlich; man kann nicht auf lärmender
Straße pflanzen, was als zarter Keim für sein erstes Gedeihen Ruhe und
behutsame Pflege braucht. Das rohe Getümmel der heutigen Erwerbs-
und Genuß-Gier ist der Entfaltung edlerer Geistesblüten feindlich und
zertritt im vorherein alle Samen einer zukunftsfrohen Saat. Wie feindlich allein ist das heutige Großstadt-Leben einer vernünftigen edleren
Jugend-Erziehung! Schon die Sorge um seine Knaben und Mädchen
sollte einen gewissenhaften Vater aus Städten hinaus treiben, die sich den
Namen von „Laster-Paradiesen" erworben haben. — Und wenn aus der
neuen Gemeinde zunächst nichts weiter würde als der Sitz einer neuen
Erziehungs-Anstalt, etwa einer neuen Gewerbe- oder Kunst-Schule, eines
neu-artigen Seminars für Volksbildner, in einer Umgebung, wo alle jene
verderblichen Einflüsse fern gehalten wären, die heute das unselbständige
Gemüt der Jugend umlauern, so wäre damit schon ein Verdienstliches
geschaffen. —

Je länger man unser öffentliches Leben betrachtet, desto mehr wird es einem zur Gewißheit, daß all die schönen Reform-Ziele, um die sich die besten Geister abmühen, in absehbarer Zeit für die große Gesammtheit der Nation nicht erreichbar sind. Alte Gesetze und Rechte, alte Vorurteile, Gebräuche und Gewohnheiten, und nicht zum mindesten: alte Laster und Laster = Interessen treten überall hemmend und mit Uebermacht in den Weg. Alte Schuld und alte Schulden, geistige, sittliche und materielle, lasten überall erdrückend auf dem Leben und ersticken jede Sehnsucht nach freiem Aufschwung schon im Keimen. Die neue Gemeinde könnte — wie eine junge Welt — unbeschuldet und unbelastet, unbeengt durch alte Rechte und Vorrechte auf den Plan treten, frei und fröhlich ihr Werk beginnend. Sie würde freie Bahn haben für eine Verbesserung des privaten und öffentlichen Lebens, für die Schaffung vollkommenerer Daseins-Formen; sie könnte im engeren Kreise versuchen, was dem großen Ganzen später als Muster dienen würde. Sie könnte sich Experimente gestatten, die am großen Staatsganzen verhängnißvoll — wenn nicht unmöglich erscheinen. Denn es ist auf alle Fälle gefährlich, durch allzurasche einschneidende Neugestaltungen die gesammte Nation plötzlich auf neue Grundlagen stellen zu wollen — eine Erfahrung aller Revolutionen und Reformationen, die mehr als alles Andere lähmend auf den Genius der Deutschen gewirkt hat. In diesem Gefühl der Gefährlichkeit wagt man heute nirgend einen entscheidenden Schritt, beschränkt sich auf die notdürftigste Ausbesserungs-Arbeit und auf theoretische Erörterungen künftiger erstrebenswerter Ziele. So werden alle Reformen heute lediglich auf dem Papiere betrieben. Wer aber mit der Zuversicht sich tröstet, daß alles ernstlich Erstrebte früher oder später doch Wirklichkeit werden müsse, dem sei zu bedenken gegeben, daß heute, in dem Zeitalter der Geschwindigkeit, auch die Entwicklung nach der ungünstigen Seite hin mit beschleunigten Schritten vorangeht. Und so steht zu befürchten, daß wir mit allen wohlgemeinten Reformen, die an einer großen schwerbeweglichen Masse sich nur langsam durchführen lassen, hinter dem unheilvollen Gang der Dinge immer mehr zurückbleiben. Das Abwärtsgleiten und Zusammenstürzen pflegt rascher zu gehen als das Aufsteigen und Aufbauen. —

Was aber am großen Ganzen auf einmal zu vollbringen ein übermenschliches Werk erscheint, das kann an einem kleinen allmälig wachsenden Gemeinwesen sich als ein einfacher Wachstums-Prozeß vollziehen. Schritt für Schritt, den Bedürfnissen Rechnung tragend, können hier die Formen und Gestaltungen gefunden werden, die dem neuen Geiste eine neue Ordnung geben.

Die alte Ordnung gleicht einem alten vermorschenden Baume, dessen Zweige mit Schlinggewächsen aller Art durchwachsen, mit brüchigen Resten beladen, zu einem unentwirrbaren Knäuel verschlungen sind, worin es beständig bröckelt und bricht. Wer will einem solchen Baume neue Äste einsetzen? Ist es nicht besser, dem alten Stamme ein junges triebkräftiges Reiß zu entnehmen und es an geschützter Stelle dem Boden anzuvertrauen, — daraus einen jungen Stamm zu züchten?

*   *   *

Wer genauer zusieht, wird erkennen, daß es sich bei der geplanten Gemeinde-Gründung um mehr handelt, als etwa nur um eine technische Verbesserung, eine bloße geometrische Absonderlichkeit in der Anlage eines Stadtplanes. Die Stadt giebt nur die äußere Hülle ab, den Kern bilden die inneren Ziele: der neue Geist, die neue Ordnung. Daß die Aufgabe hier scheinbar am verkehrten — nämlich am äußerlichsten Ende angefaßt wurde, ist nicht ohne Vorbedacht geschehen. Unsere Reform-Pläne sollen sich an etwas Wirkliches und Greifbares anschließen sie sollen nicht länger haltlos in der Luft zu schweben: sie sollen Wurzel fassen im Boden der Wirklichkeit — von der Theorie zur That übergehen. Auf den Umfang des Beginnens kommt es zunächst nicht an. Es handelt sich um eine experimentelle Feststellung, deren Ergebnis sich ebenso leicht auf das große Ganze wird übertragen lassen wie des Chemikers Erfahrung im Laboratorium auf Massen-Verarbeitung, wie des Technikers Versuche am Modell auf die Ausführung im Großen.

Der neue Geist soll nicht mehr ungebunden und zerfahren umher schweifen im unbegrenzten Raume, er soll an das Realste alles Erdenlebens geknüpft werden: an die Scholle. Der neue Geist braucht zunächst ein neues Haus, einen festen Wohnsitz. Wie aber die neue Gemeinde nicht ein zufällig Zusammengewürfeltes sondern einen wohlgegliederten Organismus darstellen soll, so soll das organische Gefüge auch in dem äußeren Aufbau ihres Wohnsitzes zum Ausdruck kommen. Mag in diesem Sinne der vorliegende Stadtplan nichts vorstellen, als eine Art Banner, ein Wahrzeichen und Sinnbild, das andeuten will, wie an Stelle von etwas Planlosen ein vernünftig Geordnetes zu treten habe. —

Die Schwierigkeit, die darin liegen könnte, die immerhin mannigfach gearteten Geister in einer solchen Gemeinde zu einigen und zu binden, würde gerade durch die Einwirkung ganz konkreter äußerlicher Aufgaben am glücklichsten überwunden werden. Gewiß würde von Anbeginn ein stark pulsirendes Leben in solcher Gemeinschaft entstehen und mancherlei widerstrebende Anschauungen würden aufeinander stoßen. Allein,

gerade hierbei würde die räumliche Grundlage der Siedelung, das ge=
meinsam besessene Stück vaterländischer Grund und Boden, einen festen
Halt bieten und dessen Pflege, Hebung und Verschönerung allem Streben
einen Mittelpunkt geben. Hier findet der zerfahrene Wille einer Mehr=
heit den gemeinsamen Bethätigungs=Boden, ein ernstes Gemein=Interesse.
In der Gemeinde=Arbeit aber würde ein neuer sozialer Geist kräftig Wurzel
schlagen und allmälig von den äußeren Dingen mehr und mehr zu einer
planvollen Pflege der inneren Güter sich wenden. Was zerklüftet denn
heute die Nation in eine Reihe feindseliger Gruppen und Parteien?
Vor allem doch der Widerstreit der materiellen Interessen. Wo nun von
vornherein ein gut Teil dieser Interessen gemeinsame sind, sollte sich da
nicht leichter als sonst Eintracht schaffen lassen? —

Sollten sich nun wirklich die Menschen und Mittel zur Verwirk=
lichung dieses Planes nicht finden? — Wir hoffen es dennoch! — Noch lebt
Streben und Wagemut in vielen Einzelnen; wir werden sie zu finden
wissen. Unser Unternehmen hat den Vorteil, daß es sich nicht an den
zerfließenden Begriff der Menschheit wendet, sondern an wenige Einsichtige,
— daß es sich nicht in hohen Lüften sondern ernst und nüchtern auf dem
Erdboden bewegt.

Sollte es dennoch auf halbem Wege in's Stocken geraten —
was ist dann Großes verloren? Neben einigen zerstörten Illusionen —
nichts. Die neue Ortschaft würde, wie jede andere kleine Gemeinde, in
gewohnter Alltäglichkeit weiter bestehen, und der zur Herrschaft gelangte
Philister fände am neu aufgerichteten Biertische passende Gelegenheit
zu demonstriren, warum alles so kommen mußte, wie es kam! . . . .

Der Staat würde die Siedelung schlimmsten Falls ignoriren. Je=
denfalls hätte er keine Ursache, ihr das Leben zu erschweren. Würde
seinen maßgebenden Kreisen ein volles Verständnis für die uns bewegenden
Absichten erweckt, so wäre selbst eine Förderung von dieser Seite nicht aus=
geschlossen. Jedoch soll man darauf nicht warten. Gemeinde=Leben ist
ein anderes als Staatsleben; wir kranken an zu viel Staat und zu wenig
Gemeinde. — Dem Staate wachsen zudem die Sorgen und Pflichten über
den Kopf; er könnte es sich gefallen lassen, wenn irgendwo der Versuch
gemacht würde, ihn eines Teiles seiner Sorgen durch vernünftige Lebens=
Gestaltung zu entheben. —

Was die finanzielle Seite des Unternehmens anbetrifft, so sind
hier keine sonderlichen Schwierigkeiten zu erblicken. Um die Aufbringung
gewaltiger Summen handelt es sich dabei nicht. Leute, die in landschaft=
lich angenehmer Lage sich ein Häuschen bauen wollen und die nötigen

Mittel dazu besitzen, finden sich alle Tage. Es würde sich also nur um die ersten Erwerbungs=Kosten für ein geeignetes Gelände handeln. Frei= lich müßte, um die freie Entfaltung des neuen Gebildes auf lange Zeit hinaus zu sichern und die störenden Eingriffe der Spekulation fern zu halten, die zu erwerbende Fläche möglichst groß bemessen sein. Zur Auf= bringung der nötigen Mittel könnte ähnlich verfahren werden, wie bei den schon erwähnten Spar=Bau=Vereinen. Vielleicht auch finden sich einige begüterte Freunde dieser Bestrebungen, die, ohne selbst in der Gemeinde wohnen zu wollen, durch Darleihung oder Schenkung größerer Beträge das Unternehmen fördern. Werden nicht alljährlich große Summen für die fragwürdigsten Zwecke gestiftet? — warum sollten sich nicht Gönner für diese vernünftigste und dringendste aller Aufgaben finden?

Das rechnerische Exempel für das Unternehmen ist etwa folgen= des: In den weniger dicht bevölkerten Bezirken unsres Vaterlandes ist der Morgen Land (2500 ☐ m) für den Preis von 150—250 M. zu erwerben, in verkehrsreicheren Gegenden für 500—800 M.*) Nehmen wir einen hohen Mittelpreis von 500 M. an (der wertvollste Ackerboden braucht es ja nicht zu sein, den man zur Bebauung bestimmt), so lassen sich für 100 000 M. schon 200 preuß. Morgen (50 Hektar) Land erwer= ben, Raum genug, um darauf eine Gemeinde von einigen tausend Köpfen nach und nach unterzubringen. Nehmen wir an, daß ein reichliches Drit= tel der Fläche für Straßen, öffentliche Plätze und Anlagen bewahrt bleibt, so wären für die Bebauung etwa 325 000 ☐ m übrig. Wird der Pacht= zins im Durchschnitt auf 20 Pfg. pro ☐ m angesetzt,**) so würde nach völliger Bebauung der verfügbaren Fläche allein aus der Bodenpacht eine jährliche Einnahme von 65 000 M. der Gemeinde=Verwaltung zufließen, genug, um daraus einen großen Teil der öffentlichen Aufwendungen zu bestreiten.

Bei den großen Vorzügen, die der vorgeschlagene Bebauungs= Plan allein schon in wirtschaftlicher und verkehrlicher Hinsicht bietet, würde eine solche Stadt=Anlage selbst in rein kapitalistischer Hinsicht ein rentables Unternehmen bilden. Jeder vom Ackergrund in Baugrund verwandelter Boden erfährt eine erhebliche Wert=Steigerung. Der Wert=Zuwachs wird unter gewöhnlichen Umständen von einzelnen Unternehmern mit Beschlag belegt. Bliebe er der Gemeinde bezw. Genossenschaft erhalten, so wäre

---

*) In der Nähe großer Städte ist er allerdings wesentlich teurer; andrerseits wird gegenwärtig infolge der Ertragnißlosigkeit der Landwirtschaft der Boden in einzelnen Gegenden (so in Württemberg) zu 60—80 M. pro Morgen käuflich aus= geboten. (Febr. 1897).

**) Im Innern der Großstädte werden nicht selten mehrere hundert Mark als Kaufpreis für jeden Quadratmeter Baufläche bezahlt, so daß hier der Quadratmeter oft mit 10—20 Mark jährlicher Zinsabgabe belastet ist! —

schon dadurch deren wirtschaftliches Prosperiren gesichert. Das kann nicht genug betont werden, weil es das wirtschaftliche Schwergewicht des Unter-nehmens bildet.

Wäre erst ein gedeihlicher Anfang gemacht, so brauchte man um ein Weiterkommen sich nicht groß zu bangen. Die reizvollen neuen Ver-hältnisse in solcher Gemeinde, die sonstigen günstigen Lebens-Bedingungen und eine gute soziale Ordnung, die Fernhaltung aller jener unerquicklichen zerfah-renen Zustände und lästigen Beeinträchtigungen des modernen Lebens würden auf moralisch gesunde und tüchtige Bevölkerungs-Elemente gewiß eine lebhafte Anziehungs-Kraft äußern. Das Gedeihen der Gemeinde aber in ihrer neuen Lebens-Ordnung würde eine eindringlichere Sprache reden als alle akademischen Erörterungen und schönen Reform-Vorschläge, die sich immer nur auf dem Papiere bewegen.

Auf eine gute und reinliche Lebensführung würde es ankommen! Wenn es aber richtig ist, daß viele der scheußlichen Laster, mit denen wir die moderne Menschheit befleckt sehen, ihren Ursprung haben in wüßten wirtschaftlichen Zuständen und allgemeiner Lebens-Verwilderung, in geistiger, sittlicher und wirtschaftlicher Not, so sollte es wohl nicht schwer fallen, aus einer organisch geordneten Gemeinde die gröbste Masse dieser Untugenden auszuscheiden. Eine größere Gemeinde aber, in der es keine Trunksucht, keine Bankrotte, keine Prostitution, keine Verbrechen, keine Selbst-morde gäbe, würde gewiß die Augen der Welt auf sich lenken und zur Würdigung und Nachahmung ihrer Grundsätze und Einrichtungen anregen.

Leipzig, im Febr. 1897.　　　　　**Theod. Fritsch.**

Theod. Fritsch.

Die
Stadt der Zukunft.

Mit einer farbigen
Tafel und 14 Text-Abbildungen.

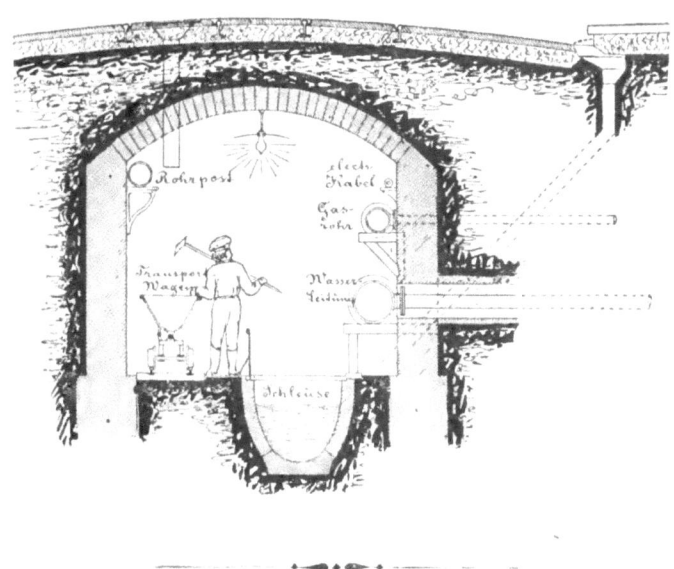

Leipzig
Verlag von Theod. Fritsch
1896.

Seit Jahrtausenden baut man Städte als Mittelpunkte des Verkehrs, des Handels, des nationalen und politischen Lebens, als Sitze der Regierung, der Kunst= und Kultur=Pflege. Dennoch ist man noch nicht dahin gelangt, diese Häuser=Meere wohlgeordnet nach einem vernünftigen, weitsichtigen Plane anzulegen. Fast alle unsere Städte, soweit sie nicht, beispielsweise wie Festungen, besonderen Zwecken dienen, sind Gebilde des blinden Zufalls — ohne Plan und Ziel angewachsen und zusammengewürfelt. Aus kleinen Anfängen, aus ehemaligen Ansiedelungen oder Dörfern entstanden, haben sie sich, regellos nach allen Seiten sich erweiternd, aufgehäuft, wie Laune, Zufall und kurzsichtiges Privat=Interesse es mit sich brachten. — Jeder baute, wo und wie er wollte.

Wo vor ungezählten Jahrhunderten ein armseliges Gefährt irrend seinen Weg durch eine öde Haide suchte, da windet sich jetzt, genau in den gleichen planlosen Krümmungen, die Hauptstraße einer Großstadt, und wolkenragende Gebäude drängen sich an diesem Irrpfade jenes urzeitlichen Karrenfahrers zusammen. Denn der Spur des ersten Wagens folgten andere; der Zufalls=Pfad wurde zum Gewohnheits=Wege; an der krummen Straße bauten sich Hütten auf, und der Weg wurde zur Grenze des Eigentums. An Stelle der Hütten erwuchsen festere Häuser, gewissenhaft die regellosen Windungen des ehemaligen Fahrwegs bewahrend, und heute fragt man die stolzen Stein=Paläste der inneren Großstadt vergeblich, warum sie sich in so unsinnigen Krümmungen und schiefen Winkeln zusammenpferchen und keine bessere Ordnung zu finden wußten.

Unselige Rechts= und Eigentums=Verhältnisse sind ebenso wie die Kurzsichtigkeit der städtischen Verwaltungen mit daran schuld, daß die Groß-

1*

stadt ein wüster Häuserhaufen blieb, anstatt eine vernünftig geordnete, der Gesundheit und Schönheit dienliche, dem Verkehr und der wirtschaftlichen Entfaltung gerecht werdende Gestaltung anzunehmen. Der ehemalige Marktflecken oder das ehemalige Fischerdorf mit seinen engen winkeligen Gassen ist nun gerade zum Mittelpunkte der Weltstadt geworden, weil — durch Zufälligkeiten geleitet — um jenen unscheinbaren Kern herum die Bebauung sich nach allen Seiten gleichmäßig ausdehnte. Und so drängt sich nun gerade in den ältesten, engsten und schiefsten Gassen der Strom des großstädtischen Lebens beängstigend zusammen. —

Aber die Engigkeit und Schiefe der alten Stadtviertel wäre noch nicht das Schlimmste; was vor Allem fehlt, das ist die „innere Ordnung", der Plan, die Scheidung nach Zweck und Wesen. Was will die Fabrik neben dem Lustschloß, die Kaserne neben dem Kunst-Tempel, der Schlachthof neben der Schule, das Bordell neben dem Gotteshause? — —

Es ist wunderlich genug: an allen, auch den kleinsten Dingen arbeitet heute der Menschengeist, rastlos auf Verbesserung sinnend; vom Hosenknopf bis zur Stecknadel, vom Billard-Queue bis zum Federhalter sind alle möglichen Dinge fortgesetzt Gegenstand der erfinderischen Vervollkommnung; nur an die Verbesserung und vernünftige Gestaltung des Größten und Wichtigsten, was uns umgiebt, an den zweckmäßigen Aufbau der Städte hat noch keiner gedacht.

Daran ist vielleicht ein Stück Wahnglaube mit schuld. Man hat sich gewöhnt, das Anwachsen der Städte als etwas der menschlichen Macht sich Entziehendes, als das Erzeugniß einer vis major zu betrachten, sei diese „höhere Macht" auch nur der gewaltige Herr Zufall. Doch das dürfte sich als ein Vorurteil erweisen. Die Städte sind ebenso ein Erzeugniß der menschlichen Willkür wie irgend ein ander Ding, das der Mensch mit seinen Händen schafft. Und der Mensch hat die Pflicht, den Werken seiner Hand das Wesen der Vernunft und Ordnung einzuhauchen.

Vernunft und Ordnung fehlen aber in dem Bebauungs-Plane der heutigen Großstädte. Was will es besagen, daß man die Straßen der sich immer mehr erweiternden Vorstädte etwas breiter und einigermaßen geradlinig zu gestalten sucht? Die Ordnung der Gebäude nach ihrem inneren und äußeren Charakter muß man noch immer vermissen.

Eine zweckmäßige Ordnung sollte vor Allem die einzelnen Teile nach ihren inneren Beziehungen harmonisch gruppiren.

Eine Stadt muß etwas mehr sein als ein Konglomerat von Gebäuden und Menschen; sie sollte ein organisches Wesen sein mit vernünftiger Gliederung und mit der Fähigkeit ausgestattet, wachsend sich zu erweitern, ohne ihr Grundwesen zu verlieren und dem Gesetze ihrer Entwicklung ungetreu zu werden. Wenn die Städte des Mittelalters aus eng zusammengepferchten Häusermassen bestanden, so ist das zu entschuldigen. Sie dienten lediglich als Burgen und Festungen, waren durch Mauern und Wälle in ihrer freien Entwicklung gehemmt und sollten auf engem Raume das Notdürftigste vereinigen, was zur Verteidigung und Erhaltung des wehrhaften Bürgertums erforderlich war. Seitdem aber hat sich Zweck und Wesen der Städte erheblich geändert. An Stelle der engen Burg ist die freie offene Stadt getreten, der Sitz und Mittelpunkt der Industrie, des Handels, des freien Verkehrs.

Aber die moderne Stadt weiß sich in ihre neuen Aufgaben noch nicht zu schicken.

Eine Untugend dieser Häuser-Ungeheuer ist es noch, daß sie ihre eignen Kinder in schlimmer Gefräßigkeit, oft nach kurzer Lebensdauer, wieder verschlingen. Heute reißt man einige noch recht wohl bewohnbare Häuser nieder, um eine Fabrik an ihrer Stelle zu errichten; in zehn Jahren muß die Fabrik wieder weichen, weil eine Markthalle oder ein Bahnhof notwendiger Weise an diese Stelle kommen muß, und wiederum in einigen Jahrzehnten macht eine veränderte Disposition, ein Straßen-Durchbruch od. dergl., abermals ein Abtragen dieser Baulichkeiten nötig. Ein unökonomisches Sichselbstverzehren ist ein Merkmal dieser planlosen Häuser-Haufen. — Der Zweck dieses Schriftchens soll es sein, nach besseren Grundregeln für die Städte-Bauten der Zukunft zu suchen und die wichtigsten Wohnsitze der Menschen nach besseren Plänen zu gestalten als bisher, — ihnen Sinn und Form zu geben, — ein Bestreben, dessen Berechtigung und Notwendigkeit heute allerdings vielleicht bestritten werden wird.

Städte, und vor allem Großstädte gelten heute als ungesunde Auswüchse der Civilisation, als „Wasserköpfe" und „Pestbeulen der Cultur"; Kingsley nannte sie sogar „Schweineställe der Cultur" und leider mit einem gewissen Recht. Es könnte daher als unangebracht erscheinen, die Be-

gründung neuer Städte zu planen und für den Ausbau zukünftiger Großstädte neue Grundzüge zu entwerfen.

Die soziale Erkenntniß steht heute auf dem Standpunkte, daß sie
im Ackerbau und dem Landleben die eigentliche Quelle der nationalen
Kraft und Gesundheit erblickt, und daß sie an Stelle des „Zuges nach
der Stadt" besser eine „Flucht nach dem Lande" in's Werk gesetzt sehen
möchte.

Andrerseits wird man sich nicht verhehlen dürfen, daß es für
eine größere Nation und ihre manchfachen Bedürfnisse notwendiger Weise
Städte geben muß. Die Oekonomie des Cultur-Lebens erfordert, daß es
Centren für den Handel und Verkehr, Vereinigungen großer Menschenmassen für gewisse Produktions-Zweige, politische Centralen als Sitze der
Regierung usw. giebt. Die Hochschulen erheischen eine Vereinigung
zahlreicher lehrender und lernender Kräfte in Verbindung mit vielerlei
wissenschaftlichen Materialien und Instituten, ein Ansammlung nationaler
Kunstschätze u. dergl.; — Die Versammlungen größerer Körperschaften,
große nationale Feste, Congresse und dergl. erfordern zeitweilig die Unter-
bringung großer Menschenmassen in Gasthöfen usw., und alle diese Bedingungen kann nur eine größere Stadt erfüllen.

So Vieles, was heute einen unentbehrlichen Faktor im Leben eines
großen Volkes ausmacht, kann ohne größere Städte nicht gedacht werden.

Wenn es nun aber einmal Städte geben muß, so sollte man sie
wenigstens vernünftig anlegen. Ja, bei näherem Zuschauen entdecken wir,
daß gewisse schwere Schäden des heutigen Großstadt-Lebens gerade in
der planlosen unvernünftigen Gestaltung dieser Städte ihre Wurzel haben.
Viele gesundheitliche und auch sittliche Schäden sind ja lediglich auf
die unvernünftige Engigkeit und Gedrängtheit des Zusammenwohnens
zurück zu führen, wobei die Kostspieligkeit der Wohnungen noch einen besonders verschlimmernden Faktor bildet. Weil die enge Altstadt als Mittelpunkt gerade der gesuchteste Geschäftsplatz ist, so hat man hier die Aus-
nutzung der Bodenfläche in's Unvernünftige gesteigert. Auf jedem engen
Hofe sind thurmhohe Hinterhäuser errichtet, und bis in die Keller- und
Boden-Räume hinein drängt sich die Miets-Bevölkerung in unheimlicher
Dichtheit zusammen. Luft und Licht mangeln, Rauch, Staub und Lärm
steigern sich hier oft zur Unerträglichkeit.

Was weiter diese Städte so unvernünftig erscheinen läßt, ist die
Planlosigkeit in der Verteilung der Gebäude. Rauchende und lärmende

Fabriken drängen sich zwischen Mietskasernen, Villen, Kirchen und öffent=
liche Gebäude . . . . . alles zu einem Kunterbunt der unsäglichsten Art
vermischend. Und dieses vernunftlose Durcheinander, das aller Gesetz=
mäßigkeit Hohn spricht, das überall die nackte kurzsichtigste Selbstsucht und
Vorteils=Gier durchblicken läßt, das ist es gerade, was den Städten ihren
schlimmen Charakter giebt und auch einen schädigenden Einfluß auf Geist
und Sittlichkeit ihrer Bewohner ausübt.

Muß nicht eine Umgebung, die in allen ihren Erscheinungen die
Regellosigkeit und Ordnungs=Widrigkeit zur Schau trägt, jede vernünftige
Planmäßigkeit vermissen läßt, auch in dem Menschen, der darinnen groß wird,
den Geist der Unvernunft, der Verwirrung und Zuchtlosigkeit groß ziehen?
Würde nicht andrerseits gerade eine Stadt, die in allen ihren Teilen das
Erzeugnis eines klaren weitschauenden Geistes wäre, die in edler Regel=
mäßigkeit und Schönheit sich aufbaute, auch ordnend und richtend auf den
Menschengeist zurück wirken?

In der Wildniß, im Chaos entfachen sich die wildesten und
rohesten Triebe, während selbst die Bestie an Ungeberdigkeit verliert, wo
sie sich in den Schranken einer überlegenen ordnenden Gewalt fühlt. Der
Geist der Ordnung, die Macht der Harmonie wirkt zähmend auch auf
das roheste Gemüt.

Selbst die edleren Schöpfungen der Kunst und Architektur, deren
jede größere Stadt sich erfreut, verlieren meist ihre Kraft, ihre Weihe und
Würde, weil eine störende Umgebung sie erdrückt und schändet, — „ein
widerwärtiges Netz krummer Gassen und geräuschvoller Verkehrs=Adern
verdunkelt die ganze Herrlichkeit von allen Seiten“. . . . „Die wüste töt=
liche Planlosigkeit des Ganzen verhindert vollständig jede einzelne harmo=
nische Wirkung“.

So sagt ein moderner Schilderer von den vereinzelten Herrlich=
keiten London's.*) Und das Bild, was er sonst noch von jener Riesen=
stadt entwirft, paßt mehr oder minder auf alle Großstädte der Welt:
„Die großen Verkehrs=Adern sind alle häßlich und planlos, viele sogar er=
bärmlich unsauber. Es ist etwas Seelenloses, etwas zermalmend Materia=
listisches in dieser einförmigen meist abstoßend häßlichen Häuserwüste von
schmalen zwei= und dreistöckigen Gebäuden, die mit riesigen Waren=Maga=
zinen abwechseln. — Eine Wüste, die die Hand der Natur geschaffen hat,

---

*) Gustav F. Steffen: „Aus dem modernen England“. Aus dem schwedischen
von Dr. Oskar Reyher „mit 134 Text=Illustr. und 11 Tafeln“. Leipzig, Peter
Hobbing, 1895.

können wir noch schön finden, denn es ist etwas wie Seele in ihr. Eine Wüste aber von Menschenhand, nach strengsten armseligen Geschäfts-Grundsätzen hergestellt, ist gräßlich; — ihr fehlt jede Spur einer Seele: sie erinnert an die Leiche eines Idioten." —

*

* *

Wie wäre nun eine neue Stadt vernünftig anzulegen?

Die äußere Regelmäßigkeit allein thut es nicht. Wohl hat man hie und da versucht, Städte nach strengen geometrischen Grundsätzen aufzubauen; so vor Allem neuere amerikanische Städte mit ihren langweiligen regelrechten Häuser-Vierecken. Aber auch solche Städte sind tote Gebilde, ohne organisches Gefüge, denn hinsichtlich der Gebäude, die diese Vierecke ausfüllen, zeigt sich die alte verwirrende Regellosigkeit und Unvernunft. Zu einer vernünftigen Ordnung gehört, daß Gleiches an Gleiches sich anschließt, Verwandtes mit Verwandtem sich paart.

Was wäre natürlicher, als daß man eine räumliche Scheidung der Gebäude nach ihrer Bauart und Bestimmung vornähme? Ist es ein idealer Zustand, daß man neben den Theatern, Museen und Kirchen rauchende Fabrikschlote errichtet? Aber nicht nur das schönheitliche Interesse gebietet eine Scheidung der Gebäude nach ihrem Zweck und Charakter, auch ökonomische Vorteile sind damit verknüpft. Wieviel sparsamer könnte der Verkehr unter den Fabriken und Produktions-Werkstätten sein, wenn sie in einem Viertel dicht beieinander lägen, durch Verkehrs-Wege, Schienen-Geleise, vielleicht sogar durch Wasser-Straßen miteinander verbunden — in einem Viertel, das die beste Verbindung mit den Bahnhöfen und den Häfen des Flusses oder Canals hätte! Wieviel mühsame Transporte der Rohmaterialien und Halb-Produkte könnten bei solcher planmäßigen Aneinanderordnung erspart werden! Heute liegen die Fabriken verteilt in und um eine Großstadt; die Materialien und Produkte müssen oft auf weiten Umwegen von einer zur anderen Werkstatt oder nach den weit abgelegenen Verladungs-Plätzen geschleppt werden, und so machen die Lastfuhrwerke gerade die verkehrsreichsten Straßen der Großstadt in unheimlicher Weise unsicher.

Eine vernünftige Scheidung der Baulichkeiten wäre nach folgenden Gesichtspunkten vorzunehmen. Monumentale öffentliche Gebäude, die nicht gerade den alltäglichen Verkehrs-Bedürfnissen dienen, wie Museen, Opernhaus, Hochschule, Bibliothek, Rathhaus, Dom, oberster Gerichtshof, Regierungs-Gebäude usw. würden auf einem freien, möglichst reichlich be= messenen Platze zu gruppieren sein, der den idealen Mittelpunkt des ge= sammten Stadtplanes bildet — von allen Stadtteilen gleichgut erreichbar. Um diesen Platz herum wären zunächst Privat-Bauten von monumentalem Charakter (vornehme Villen) zu gruppieren. Daran würden sich Wohn= häuser besserer Art, dann gewöhnliche Wohn= und Geschäftshäuser an= schließen, ferner ein Viertel für kleine Werkstätten und Arbeiter-Wohnungen, Alles zonenweise abgegrenzt. Die Fabriken wären in die äußerste Peripherie der Stadt zu verweisen, in die Nachbarschaft der Bahnhöfe — mindestens einige Kilometer von dem klassischen Viertel der Innen= Stadt entfernt.

So wäre von vornherein eine Reihe von Mißständen zu vermeiden, an denen gegenwärtig die Großstädte kranken.

Heute sind Anlage und Ausbau der Vorstädte meist ganz planlos erfolgt. Wie Polypen-Arme sind sie an den verkehrsreichsten Straßen entlang hin= ausgewachsen, ohne daß man darauf bedacht gewesen wäre, diesen gewal= tigen Vororten unter einander eine ausreichende Verbindung zu sichern. Dicht neben einander gelegene Vorstädte von 10—20,000 Einwohnern sind oft ohne jede genügende Verkehrs-Straße unter einander; Bahnhöfe, Fabrikviertel u. dergl. drängen sich dazwischen, und so muß sich der Verkehr aus diesen Flügeln ebenfalls durch die enge Innenstadt ergießen, das Ge= dränge bis zur Unerträglichkeit steigernd.

Alles das will vermieden sein.

Seitdem an Stelle der eng=umfriedeten Burg die weite offene Stadt getreten ist mit ihren Bedürfnissen nach leichtem Verkehr und freier Be= wegung, ist dem Städtebau eine neue veränderte Aufgabe erwachsen. Wenn man seither noch nicht daran gedacht hat, für den Aufbau der heutigen Städte nach einer guten praktischen Regel zu suchen, so mag zur Entschuldigung dienen, daß sich das Anwachsen der Großstädte ganz un= erwartet und nach ganz neuen und unübersehbaren Bedingungen und Be= dürfnissen vollzogen hat. Heute aber wissen wir zur Genüge, aus welchen baulichen Elementen eine moderne Großstadt sich zusammensetzen wird und welchen wirtschaftlichen und sozialen Bedürfnissen sie notwendiger Weise gerecht werden muß. Wir wissen, daß wir neben Wohnhäusern ver= schiedenen Charakters, Geschäfts-Läden und Werkstätten haben müssen, daß

Fabriken und Bahnhöfe gebraucht werden, die der nötigen Arbeiter-Woh=
nungen bedürfen; wir wissen, daß wir Schulen, Gerichte, Theater, Museen,
Krankenhäuser, Centralen für Beleuchtung, Wasser=Versorgung, Straßen=
Bahnen ꝛc. und die zugehörigen Beamten=Wohnungen nötig haben; daß
wir den reichen Leuten ein vornehmes Villenviertel schaffen müssen und
dergl. mehr. Auch das Bedürfniß nach Garten=Plätzen (Mietgärten) be=
steht, und ihm sollte in ausgiebigster Weise Rechnung getragen werden.

Bis heute finden sich alle diese Bestandteile plan= und regellos über
alle Bezirke eines städtischen Weichbildes verteilt in oft widersinnigem
Durcheinander. Oekonomische wie ästhetische und gesundheitliche Rücksichten
lassen es geraten erscheinen, daß man rauchende, staubende, rußende und
lärmende Industrie=Werkstätten nicht zwischen Villen und Wohnhäuser,
nicht zwischen Krankensäle, Schulen und Kunst=Institute einschiebt, vielmehr
auf einem besonderen Gelände vereinigt, wo schon der erleichterte Verkehr
der Werkstätten untereinander einen wertvollen Vorteil bietet. Ebenso
wird man die eigentlichen Geschäfts-Viertel, die Kaufläden und Waren=
häuser, mit Vorteil in einem besonderen Bezirke vereinigen — abseits von
den Wohnungen und Anstalten, in denen Geist und Körper Ruhe und
Erholung finden sollen. Den Fabriken hätte sich selbstverständlich in
einem durch Alleen und Gartenplätze ausgefülltem Abstande ein Arbeiter=
Viertel, den Geschäfts=Häusern ein Viertel von bequemeren Wohnungen
anzuschließen.

Es entsteht nun die Frage, wie sonst diese Viertel zu einander zu
legen sind und welche Gestalt ihnen zu geben ist, um die Entwicklung und
Ausbreitung jedes einzelnen derselben für alle Zeiten zu sichern, ohne daß
sie einander beeinträchtigen.

Eine Lösung dieser Aufgabe bietet sich in der Anordnung von Ring=
Zonen, die sich um einen Mittelplatz gruppieren. In den Mittelpunkt
selbst wäre der Platz für die monumentalen Gebäude zu verlegen.

Fig. 1 zeigt das Schema eines solchen Städte=Planes. Die Sache ist
so zu denken, daß die Bebauung an der radialen Linie a b beginnt und
im Kreisbogen um den Mittelpunkt c fortschreitet. Die einzelnen Zonen
sind durch breite Gürtel= oder Ringstraßen zu trennen, die mit Alleen und
Anlagen versehen sein mögen. Jede Zone nimmt nur Gebäude eines be=
stimmten Charakters auf, wobei jedoch jede Einförmigkeit vermieden
werden kann. Eine zweckmäßige Reihenfolge der Zonen vom Mittel=
punkte aus würde sich im allgemeinen in folgender Weise empfehlen:

Zone I (Mittelplatz): Monumentale öffentliche Gebäude;

Zone II: Villen monumentalen Charakters;

Zone III: Bessere Wohnhäuser;

Zone IV: Wohn= und Geschäftshäuser;

Zone V: Arbeiter-Wohnungen und kleine Werkstätten;

Zone VI: Fabriken, Bauhöfe, Lagerplätze 2c;

Zone VII: Gärtnereien, Mietgärten usw.

Diese Einteilung ist selbstverständlich nicht so zu verstehen, daß in den einzelnen Zonen jedes Gebäude von andrer Bestimmung ausge= schlossen wäre, daß etwa alle Geschäftsläden nur in Zone IV zu finden

Fig. 1: Zonen-Einteilung.

ein dürften. Vielmehr wird man Verkaufsstellen für allerlei Tages-Be= dürfnisse (Bäckerwaren, Viktualien, Medicamente 2c.) in allen Stadtteilen dulden müssen, wo die bequeme Befriedigung des Bedarfs es fordert. Ebenso werden Schulen, Post-Anstalten Volks-Theater, usw. in allen Zonen notwendig sein. Im übrigen aber würde schon der ökonomische Vorteil es gebieten, daß die größeren Geschäfte, Werkstätten und Fabriken im Interesse des wechselseitigen Verkehrs sich in einheitlichen und benachbarten Zonen vereinigen.

Nimmt man hinzu, daß einem solchen Bebauungs-Plane ein wohl-

durchdachtes und auf Jahrzehnte vorausgeplantes Straßen-Netz zugrunde
gelegt werden kann, — daß ferner dem Ausbau und der zweckmäßigsten
Verzweigung der Straßen-Bahnen, der Wasser- und Gas-Leitungen, der
Beschleusung usw. keinerlei hemmende Schranken im Wege stehen, sondern
alles dieses in der freiesten und günstigen Weise angeordnet werden kann,
so leuchtet ein, daß hier eine Reihe wichtiger Vorteile vereinigt werden
können, die einer solchen neuen Stadt einen erheblichen Vorsprung vor
allen alten Großstädten sichern würden.

Auf der beiliegenden farbigen Tafel sind zwei Entwürfe solcher Stadt
Pläne dargestellt. Es ist selbstverständlich kein unbedingtes Erforderniß,
daß die Abgrenzung der Zonen eine kreisförmige sei, vielmehr wird, falls
man vorwiegend gerade Straßen erstrebt, die Abgrenzung nach einem
beliebigen Vieleck vorzuziehen sein. Ebenso besteht keine Notwendigkeit,
dem Plane etwa eine strenge, zur Einförmigkeit ausartende Symmetrie zu
geben; vielmehr kann — unter Einhaltung der Grundzüge der Zonen-
Einteilung — den einzelnen Vierteln die größte Mannhfaltigkeit in der
Straßen-Führung vorbehalten bleiben. Es ist auch keineswegs ein starres
Festhalten an dem ursprünglichen Grund-Schema notwendig. Vielmehr muß
die Möglichkeit gegeben sein, einzelne Zonen auf Kosten der benachbarten
zu erweitern. Wenn beispielsweise das Raum-Bedürfniß in Zone III oder
IV ungleich rascher wächst als in Zone V oder VI, so würde die Zonen-
grenze in entsprechender Weise zu verschieben sein. So können beispielsweise an Stelle der ursprünglichen Kreis-Zonen spiralförmig sich erweiternde Zonen treten, wie in Fig. 2 angedeutet ist. Das wird vielleicht sogar die Regel werden.

Wenn nun als idealer Zustand einer so angelegten Stadt etwa die
Bebauung einer Halbkreis-Fläche gedacht werden muß, so ist doch ander-
seits nicht ausgeschlossen, daß die Bebauung über den Halbkreis hinaus
fortschreitet und sich mit der Zeit zum vollen Kreise schließt. Im ökono-
mischen Interesse wäre die Größe des Bebauungs-Planes so zu bemessen,
daß dieser Zustand erst in 150—200 Jahren eintreten könnte. Der neu
heranwachsende Stadtteil würde dann, in spiralförmig sich erweiternden
Zonen, den inneren monumentalen Teil der Altstadt schonend umfassen
und nur die minderwertigen, inzwischen baufällig gewordenen Häuserreihen
der äußeren Zonen verdrängen und durch neue ersetzen. (Siehe Fig. 2.)

So gliche die Stadt einem lebenden Organismus, der, seinen gesunden dauernden Kern bewahrend, seine morschen absterbenden Glieder verzehrt, durch neue ersetzt und sich so ewig verjüngt. Allem ehrwürdig Alten

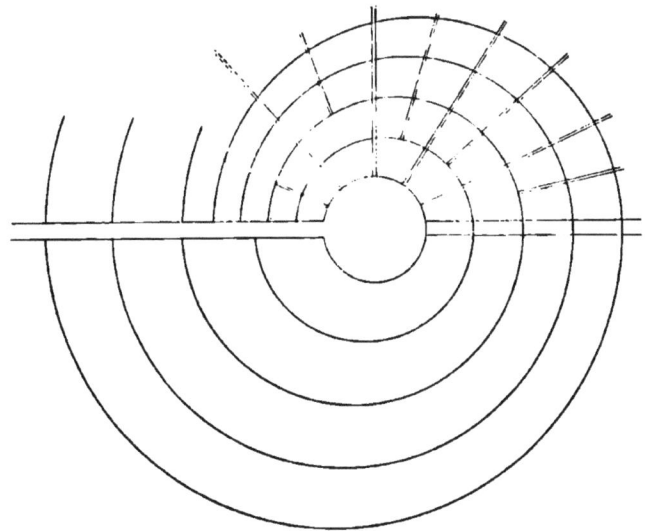

Fig. 2: Spiralförmig sich erweiternde Zonen.

könnte hierbei die weitgehendste Schonung angedeihen — im Gegensatz zu den heutigen Städten, wo der Zwang der Verhältnisse oder die Spekulation alles Alte pietätlos vernichtet.

Eine solche Stadt würde, wenn man sie von ihrem Ausgangs-Punkte nach den neu angebauten Stadtvierteln im Bogen durchwanderte, ein lehrreiches Bild der allmäligen Entwicklung der Bauweisen durch die verschiedenen Jahrzehnte hindurch bieten. Es würde nicht, wie in den heutigen Städten, Altes und Neues planlos und kunterbunt sich mischen und nicht, wie es heute überall der Fall ist, Neues rücksichtslos das Alte zerstören, ehe es ausgedient und seine Bestimmung vollendet hat.

Zu den Vorteilen einer solchen Anordnung gehören noch folgende: Das monumentale und vornehme Viertel der inneren Stadt bleibt unberührt von dem Treiben der industriellen und geschäftlichen Vorstädte; dennoch ist es durch seine centrale Lage aus allen Teilen der Stadt leicht zugänglich und behält seine beherrschende Stellung bei der fortschreitenden Bebauung. Weil dieses innere Viertel zuletzt entsteht, ist für seine Aus=

gestaltung nach jeder Hinsicht freies Spiel vorbehalten, und so kann dieses Viertel in seinen Proportionen jederzeit der Entwicklung der übrigen Stadt angepaßt werden.

Denn diese neue Stadt wächst — entgegen der Entstehung bisheriger Städte — nicht von innen nach außen, vielmehr von außen nach innen.

Die ersten Ansiedelungen entstehen in den Zonen IV, V und VI (Wohn- und Geschäfts-Häuser, Werkstätten, Fabriken 2c.) und erst bei der fortschreitenden Entwicklung beginnt allmälig der Anbau in Zone III und II. Erst wenn die Stadt zu ansehnlichem Umfang angewachsen ist, wird sie daran denken können, große monumentale Gebäude in Zone I zu errichten.

Da alle großen Produktions-Stätten sowie die Waren-Häuser und Lager-Plätze in enger Nachbarschaft liegen und unter sich, wie mit den Bahnhöfen und Häfen durch Schienen und Wasserstraßen verbunden sind, ist die gesammte innere Stadt von jenem geräuschvollen und störenden Lastfuhr-Verkehr befreit, der heute die Straßen unserer Großstädte erfüllt und den Verkehr darinnen geradezu beängstigend und gefährlich macht — zugleich die Unterhaltung der Fahrstraßen zu einem immer gewaltiger anschwellenden Ausgabe-Posten im städtischen Budget gestaltend. Man achte nur einmal darauf, welche Unzahl von verschiedenartigen Last-Fuhrwerken sich durch die engen Hauptstraßen unserer Städte drängen muß, ohne dort etwas zu thun zu haben. Bei der vorgeschlagenen Bebauungs-Art wird sich aller Waren- und Güter-Verkehr in den äußeren Zonen abspielen, während in den inneren Zonen — abgesehen von gelegentlichen Möbel-Transporten und vielleicht der Zufuhr von Brenn-Materialien — kaum ein Lastwagen etwas zu suchen hat.

Die Bahnlinien schneiden radial in das Stadtgebiet ein, den gesammten Bebauungs-Plan in weitem Bogen umfassend, so daß sie die freie Entfaltung des Straßen-Netzes in keiner Weise beengen.

Der Plan setzt allerdings ein weites, ebenes Gelände voraus, wie es sich in Fluß-Niederungen ja überall findet. Eine mäßige Erhebung der Mittelstadt, besonders des den Mittelpunkt bildenden Teiles, würde nur willkommen sein und die architektonische Wirkung erhöhen. Im Mittelpunkte könnte ein mächtiges monumentales Gebäude, vielleicht ein gewaltiger Kuppelbau gedacht werden, etwa ein Dom*), ein Kunst-Tempel,

---

*) Ich denke mir in diesem Dome allerdings etwas Gesunderes, Deutscheres und Vernünftigeres gepredigt als für gewöhnlich in den heutigen Kirchen.

ein stattlicher Regierungs-Palast oder dergleichen. Vermöge der großen radialen Hauptstraßen bliebe der Blick der Bewohner aus allen Teilen der Stadt auf diesen erhabenen Mittelpunkt gerichtet. —

Eine wichtige Vorbedingung für das Gedeihen einer solchen Stadt wäre allerdings zu erfüllen: Der gesammte Grund und Boden muß Gemeinde-Eigenthum sein und bleiben; er ist nur pachtweise auf größere Zeiträume (60—90—120 Jahre) zur Bebauung an die Bürger zu überlassen, wie ich solches in meiner Schrift „Zwei Grundübel" (Boden-wucher und Börse) ausführlich dargelegt habe. Nur auf Gemein-Eigentum kann sich ein großes städtisches Gemein-Wesen frei und gesund ent-wickeln. Nur hierbei ist es möglich, die freie Entfaltung aller Gemein-Interessen zu sichern und den Bedürfnissen des öffentlichen Verkehrs in jeder Hinsicht gerecht zu werden. Alle heutigen Großstädte drohen zu ersticken in den Schlingen der privaten Boden-Spekulation und der un-sinnigen Steigerung der Boden-Preise.

Alle schönen Pläne, die dahin gehen, in den Centren der alten Großstädte durch Straßen-Erweiterungen und Durchbrüche Luft und Raum für den anschwellenden Verkehr zu schaffen, scheitern an den ungeheuren Summen, die die Boden-Erwerbung verschlingen würde. Wo man 500, ja 1000 oder 2000 Mark für jeden Quadratmeter Bodenfläche fordert, da kann die Entwicklung unmöglich den öffentlichen Verkehrs-Interessen gerecht werden und sich das Straßennetz nach weitschauenden vernünftigen Plänen gestalten.

Eine Folge der unsinnigen Boden-Preise sind aber ferner die Engheit der Bebauung, die unsinnig hohen Mieten, wie überhaupt die Kostspielig-keit des gesammten großstädtischen Lebens. Eng, ungesund, häßlich und teuer, das sind die Haupt-Eigenschaften unserer großstädtischen Wohnungen und Einrichtungen.

Eine neue Stadt auf verpachtetem Gemeinde-Boden könnte alle diese Uebel vermeiden. Sie würde in gesundheitlicher und schönheitlicher Hin-sicht sich ungleich vorteilhafter entfalten können als alle Städte der Gegenwart. Die Mietpreise könnten halb so hoch sein als in den heutigen Großstädten. Und neben andern Annehmlichkeiten, die die neue Stadt ihren Bewohnern böte, würde nicht unerheblich in's Gewicht fallen, daß sie von ihren Einwohnern eine sehr geringe oder gar keine kommunale Steuer zu erheben brauchte. Der Ertrag der Bodenpacht und die fortschreitende Wert-Steigerung des Bodens würde die Gemeinde-Verwaltung in die Lage fetzen, alle öffentlichen Ausgaben zu beftreiten und in freigebigfter Weife für die Gefundheit und Bequemlichkeit ihrer Bürger zu forgen. Sie könnte allerhand Wohlfahrts=Einrichtungen und Verfchöne= rungen in der Stadt einführen, ohnezuvor an den Steuer=Säckel zu appel= lieren und das ftädtifche Budget mit ungeheuerlichen Forderungen zu belaften.

*
*

Denken wir uns eine folche neue Stadt auf induftrieller Grund= lage entftehend, fo würde fie fich etwa in folgender Weife entwickeln. An einem Platze, der durch gute Eifenbahn=Verbindungen und durch die Nähe eines fchiffbaren Fluffes die Anlage begünftigt, entftehen einige Fab= riken (Zone VI) mit den zugehörigen Arbeiter=Wohnungen (Zone V). Die Unternehmer herbei zu ziehen kann nicht fchwer halten, wenn man ihnen fo günftige Bedingungen zu bieten vermag, wie es hier der Fall ift: direkte Wafferftraße, Schienen=Geleife, billige Boden=Pacht und billige Wohnungen. Die billige Boden=Pacht, die auch alle anderen Lebens= Bedürfniffe verbilligt, geftattet auch eine billige Produktion.

Ein zu fchaffendes Stück Kanal giebt den Werkftätten Verbin= dung mit dem Fluffe, ein Schienen=Geleife die Verbindung mit dem Bahnhofe. Wo Fabriken und Arbeiter in größerer Zahl fich vereinigen, machen fich auch bald einige Gefchäfts=Läden und Warenhäufer nötig. Diefe fowie die Beamten=Wohnungen u. dergl. fiedeln fich angrenzend in Zone IV an. Will fich der Fabrikant ein elegantes Wohnhaus oder eine vornehme Villa errichten, fo ift er nach Zone III oder II zu erweifen, wo durch parkähnliche Anlagen bei Zeiten eine fchöne Umgebung zu fchaffen ift. — Siehe Fig. 3. —

Neue Fabriken, Werkftätten, Bauhöfe ufw. gliedern fich an, im= mer in derfelben Zone fortfchreitend, d. h. in der Flucht des allmälig weiter zu .führenden Kanals. Ihnen folgt in gleichem Schrittmaß die Vermehrung der Arbeiter=Wohnungen, Wohn= und Gefchäfts=Häufer ufſ. Auch die nötigen Schulen und fonftige öffentliche Anftalten find in der entfprechenden Zone zu errichten. (Fig. 4, 5 und 6 zeigen die Stadt in verfchiedenen Entwickelungs=Stadien. Die an den äußeren Zonen be= ginnende Bebauung dehnt fich allmälig in der Richtung des Umfanges und nach innen aus.)

Die ganze Bebauung schreitet organisch, man möchte sagen nach dem Gesetz der Kristallisation, in einer Richtung fort. Erst wenn die Stadt eine gewisse Größe erreicht hat, wird sie daran denken

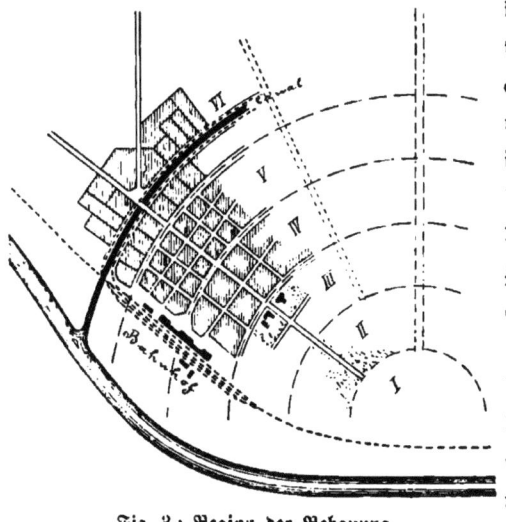

können, monumentale öffentliche Gebäude, (Theater, Museen, Rathaus usw. zu errichten, die nun in Zone I, dem ideelen Mittelpunkte des ganzen Bebauungs Planes, ihren Platz finden. Gleichzeitig entstehen außerhalb der Fabrik-Zonen Gärtnereien, Molkereien und ähnliche Anstalten, die die Stadt mit Nahrungs-Mitteln versorgen; weiterhin auch Mietgärten für die städ-

Fig. 3: Beginn der Bebauung.

tische Bevölkerung, die mit Sommerhäuschen und kleinen Villen besetzt sind.

Dieser äußersten Zone schließen sich ländliche Betriebe an, wozwischen in einigem Abstande von der Stadt wieder Villen Kolonien sich ansiedeln können.

Auf diese Weise bildet das Weichbild der Stadt einen allmäligen Uebergang zu ländlichen Zuständen; es löst sich allmälig auf in Gärten, Felder und Forsten, derart, daß eine Grenze zwischen Stadt und Land kaum wahrnehmbar ist und die Stadt gleichsam als eine dichtigere Kristallisation des ländlichen Lebens erscheint.

Die vorliegenden Pläne erheben nun keineswegs Anspruch auf Mustergültigkeit; sie sind auf's Geratewohl entworfen und wollen nur den Grundgedanken veranschaulichen. Im konkreten Falle würde Manches noch besser zu machen sein. Vor allem würden die Spezial-Techniker für Eisenbahnen, Kanal-Bau, Post, Telegraphie, Straßenbahnen, Wasserleitung, Beleuchtung, Schleusenbau usw. ihre besonderen Ideale verwirklichen und durch günstige Wahl der Centralen, vorteilhafte Verzweigung ihrer Anlagen u. dergl. m. ihren Systemen eine Abrundung und Vollkommenheit geben können, wie sie in vorhandenen Städten aus allerlei Beschränkungen nicht erreichbar war. Hier wo es sich um eine Planung auf jungfräu-

lichem Boden handelt, kann den verschiedenartigsten Wünschen Rechnung
getragen werden; denn selbst die Straßenführung ist nötigenfalls den be=
sonderen Erfordernissen einer vorteilhaften Wasser=Versorgung, Beschleusung
usw. anzupassen.

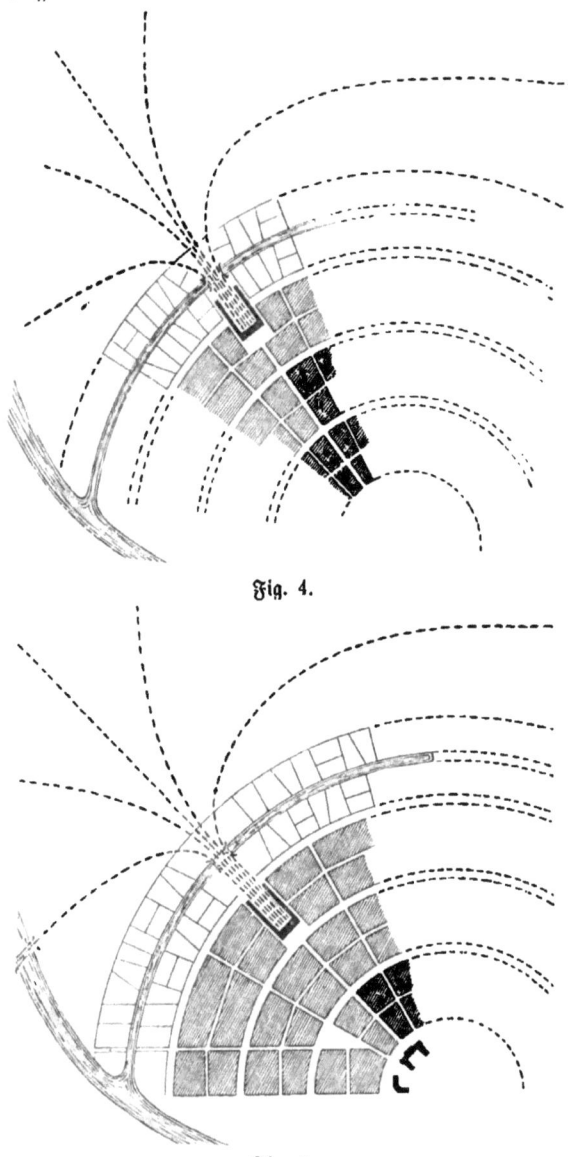

Fig. 4.

Fig. 5.

In einem Punkte beispielsweise könnte die neue Stadt ein
Ideal verwirklichen, das den alten Großstädten bisher unerreichbar schien.
Zu den unschönsten und störendsten Umständen im großstädtischen Verkehr

gehört das fortwährende Aufreißen und Pflastern der Straßen, das bald im Interesse der Gas- oder Wasserleitung, bald zur Legung neuer Kabel, zur Reparatur der Schleusen usw. erforderlich ist. Es bietet nicht nur einen häßlichen Anblick und eine garstige Belästigung des Verkehrs, sondern verschlingt auch ungeheure Summen für diese endlosen Erdarbeiten, Pflasterungen ꝛc. Eine neu entstehende Stadt könnte diesem Mißstand von vornherein ausweichen, indem sie — wenigstens unter allen Hauptstraßen

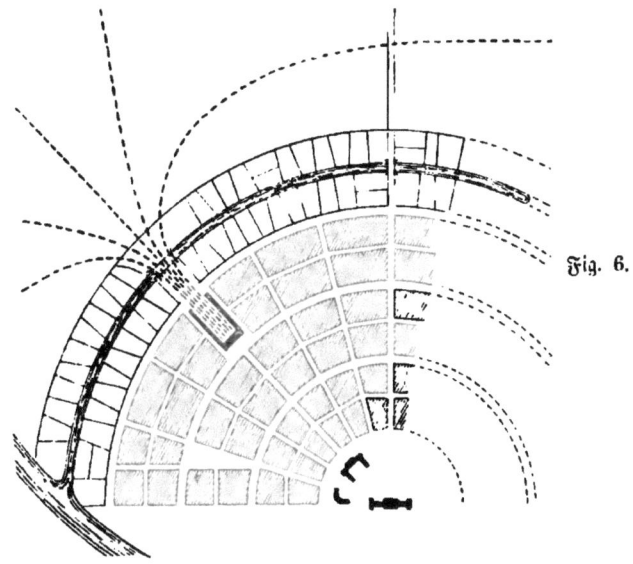

Fig. 6.

entlang — unterirdische Tunnel führte, die zur Aufnahme sämmtlicher Rohrleitungen, Kabel, Schleusen usw. dienten und damit zugleich den Vorteil leichter Zugänglichkeit für alle diese Leitungen böten. Die erhöhten Anlage-Kosten würden durch die späteren Ersparnisse im Betrieb und die sonstigern Vorteile reichlich aufgewogen werden. Auch ein schmalspuriges Schienen-Geleis könnte dieser unterirdische Tunnel aufnehmen und damit die unterirdische Abfuhr von Kehricht, Schnee und dergl. ermöglichen.

Figur 7 zeigt den Querschnitt einer solchen untertunnelten Straße. Der Tunnel vereinigt hier: Wasserleitungs-Rohre, Gasleitungen, Rohrpost, elektrische Kabel für die Beleuchtung, für telegraphischen, telephonischen und Straßen-Bahn-Betrieb, Schleuse und Schienen-Geleis. Für eine kräftige Ventilation dieser Tunnel müßte allerdings Sorge getragen sein, um die Ansammlung schädlicher Dünste und Gase zu verhüten.

Noch vorteilhafter wäre es vielleicht, in verkehrsreichen Straßen — besonders im Geschäfts-Viertel — den gesammten Fahrdamm nebst

2*

den Trottoirs auf einen von Säulen getragenen eisernen Unterbau zu legen und auf solche Weise eine obere und untere Verkehrs-Straße zu schaffen. Die letztere würde dabei hauptsächlich dem Güter-Verkehr, die obere dem Personen-Verkehr dienen. — Siehe Fig. 8. — Das Licht kann die untere Straße durch ein Trottoir von Glasplatten oder auch durch elektrische Beleuchtung erhalten.

Fig. 7: Tunnel unter den Straßen.

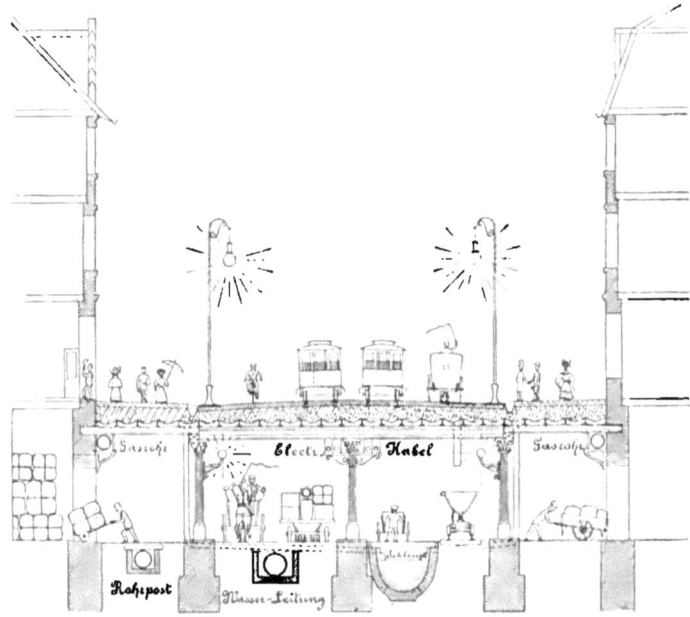

Fig. 8: Straße mit oberer und unterer Fahrbahn.

Wenn es nötig ist, die Vorzüge des neuen Städte-Bildes noch weiter auszumalen, so sei nochmals an folgendes erinnert: Die Vereinigung der Industrie-Werkstätten und der Handelshäuser in besonderen Vierteln erleichtert diesen den Verkehr untereinander auf's Beste. Die Nachbarschaft der Bahnhöfe ermöglicht eine Schienen-Verbindung nicht nur für die Fabriken, sondern auch für alle Warenhäuser und größeren kaufmännischen Geschäfte. Hauptpost und Markthalle, die selbstverständlich in die Geschäfts-Viertel zu legen sind, haben von ihren Höfen aus ebenso direkte Schienen-Verbindung, wie alle Speicher, Lager-Höfe, großen Kaufhäuser usw.

Der Wagen- und Güter-Verkehr in den Straßen der Stadt wird dadurch erheblich vermindert. Die vornehmeren Stadt-Viertel der inneren Zonen bleiben von dem geräuschvollen Verkehr völlig bewahrt. Der Mittelplatz, gleichsam das „klassische Viertel" oder das „Allerheiligste" der Stadt, ist allem lärmenden Getriebe entrückt. In vornehmer Ruhe erheben sich hier, von hübschen Park-Anlagen wie von einem „heiligen Hain" umgeben, in mächtigen herrlichen Formen würdige Bauwerke und Denkmäler. Gleichwohl münden alle radialen Hauptstraßen der Stadt auf diesem Platze, machen ihn von überallher leicht erreichbar und lassen den Blick aus allen Stadtgegenden auf diesem idealen Mittelpunkte ruhen.

Der erschöpfte Geschäftsmann, Beamte und Arbeiter kann überall dem lärmenden Tages-Getriebe leicht entfliehen: nach dem friedlichen Inneren der Stadt oder nach der freien Luft der Felder und Wälder hinaus. Aber auch inmitten der dichteren Straßenzüge ist hinlänglich für freie Plätze und grüne Oasen gesorgt. Die Bebauung ist im Ganzen eine weitläufige und viel weniger dichte als die unserer heutigen Großstädte, da keine selbstsüchtige Spekulation, kein Bodenwucher die Scholle verteuert, sondern ein billiger Pachtzins an die Gemeinde die reichliche Erwerbung von Bau- und Gartenland für Jedermann ermöglicht.

In den inneren drei Zonen wäre die „offene Bauweise" (das Einzelstehen der Häuser mit zwischenliegenden Gartenflächen) vielleicht zur Bedingung zu machen.

Abweichend von der ununterbrochenen Bebauung der Zonen, wie sie in den farbigen Plänen dargestellt ist, zeigt fig. 9 (unter sonstiger Einhaltung des Zonen-Prinzips) eine Ausbauung in einzelnen Flügeln an den Haupt-Radialen entlang, während dazwischen-liegende breite Park-Anlagen tief in die Stadt einschneiden und gleichsam deren Lungenspitzen bilden. Vielleicht verdient diese Bebauungs-Art den Vorzug vor allen andern. Solchergestalt würde sich die Großstadt gleichsam in eine Reihe von

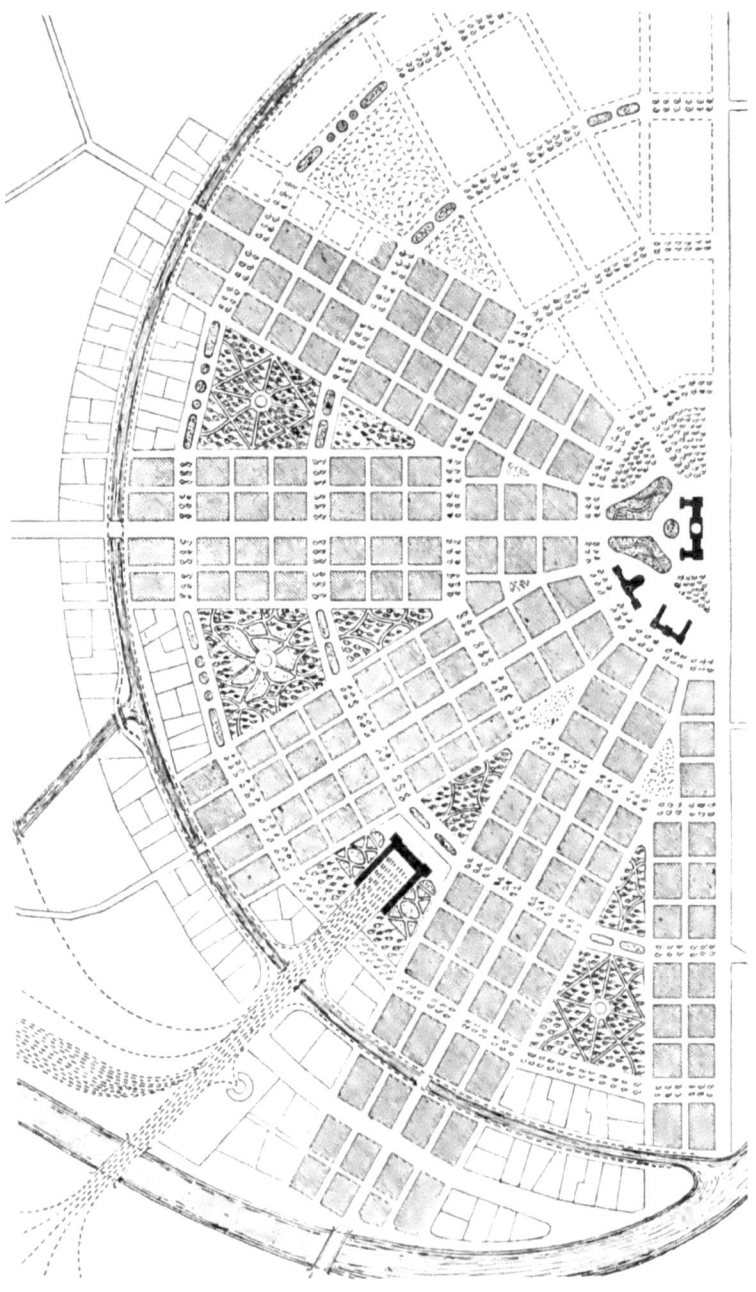

Fig. 9 Flügelförmige Bebauung mit einspringenden Waldungen oder Park- und Garten-Plätzen.

Kleinstädten auflösen, die aber durch ihre centrale Lage ein organisches Ganzes bilden.

Im Einzelnen ließen sich bei dieser Bebauung auf einem Boden, der nicht durch seine Kostspieligkeit zur Knauserei zwingt, der nicht durch vorhandene alte Straßenzüge und durch die beliebigen Grenzen einengender

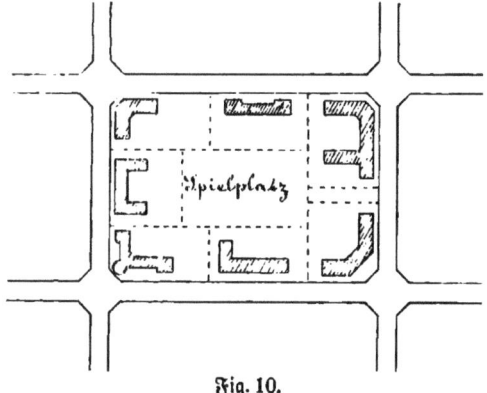

Fig. 10.

Privat-Grundstücke allerlei Rücksichtnahmen auferleget, sondern die freie Enthaltung vernünftiger Ansprüche zuläßt, noch allerlei vorteilhafte Einrichtungen treffen. So würde sich empfehlen, innerhalb der Häuser-Vierecke (oder Sechsecke) gemeinsame Spiel- oder Gartenplätze vorzusehen und so

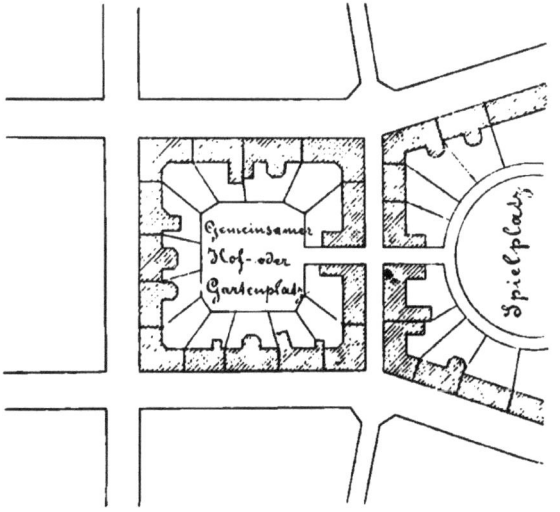

Fig. 11.

vor allem die Tummelplätze der Jugend von der Straße nach geschützteren Orten zu verlegen. Ebenso würde es vorteilhaft sein, die bebauten Blocks auf einer Seite für eine Einfahrt offen zu lassen, um nicht nur bei Feuers-Gefahr sondern auch für gewisse wirtschaftliche Zwecke (Abfuhr

von Müll und dergl.) die Grundstücke von ihrer Rückseite zugänglich
zu machen. Fig. 10 und 11 zeigen Beispiele einer solchen Bebauung.

Auch wäre zu erwägen, ob man nicht, wenigstens in den vornehmeren Stadtteilen, eine Unterscheidung zwischen Hauptstraße und Wirt-
schafts-Weg machen könnte, derart, daß eine engere Straße für den wirtschaftlichen Fahr-Verkehr an den Rückfronten der Grundstücke entlang zu
führen wäre, wie in Figur 12 dargestellt ist.

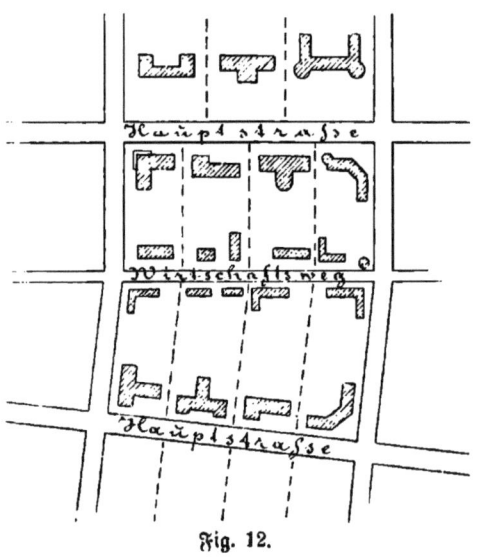

Fig. 12.

Fig. 13 zeigt das Gesammt-Bild einer solchen Stadt mit Umgebung.
Es ist dabei angenommen, daß die Stadt an eine zu beiden Seiten des
Flusses gelegene Altstadt A-A sich anbaut. — B-B sind die Bahnhöfe,
H-H die Häfen des Kanals, S-S-S die Stationen der Ringbahn.

Bedenken könnte man noch hegen gegen den unmittelbaren An-
schluß der Fabrik-Zone an die Stadt. Der Rauch der Fabriken würde
bei ungünstiger Wind-Richtung immerhin in die Innenstadt dringen, und
man könnte das Uebel nur dadurch vermindern, daß man bei Anlage der
Stadt die vorherrschende Wind-Richtung in Betracht zöge. Im mittleren
Deutschland mit seinem vorherrschenden Westwind würde man also das
Fabrik-Viertel immer in den Osten verlegen. Der Vorteil ginge allerdings
verloren, sobald die Stadt sich zum vollen Ringe schlösse.

Eine bessere Lösung des Problems würde darin zu finden sein,
daß man die Fabrik-Zone noch weiter hinausrückte und sie durch
eine breite Zone von Gärten, Aeckern und Wäldern von der Innenstadt
trennte. Das Fabrik-Viertel würde sich dann günstig in eine Reihe von

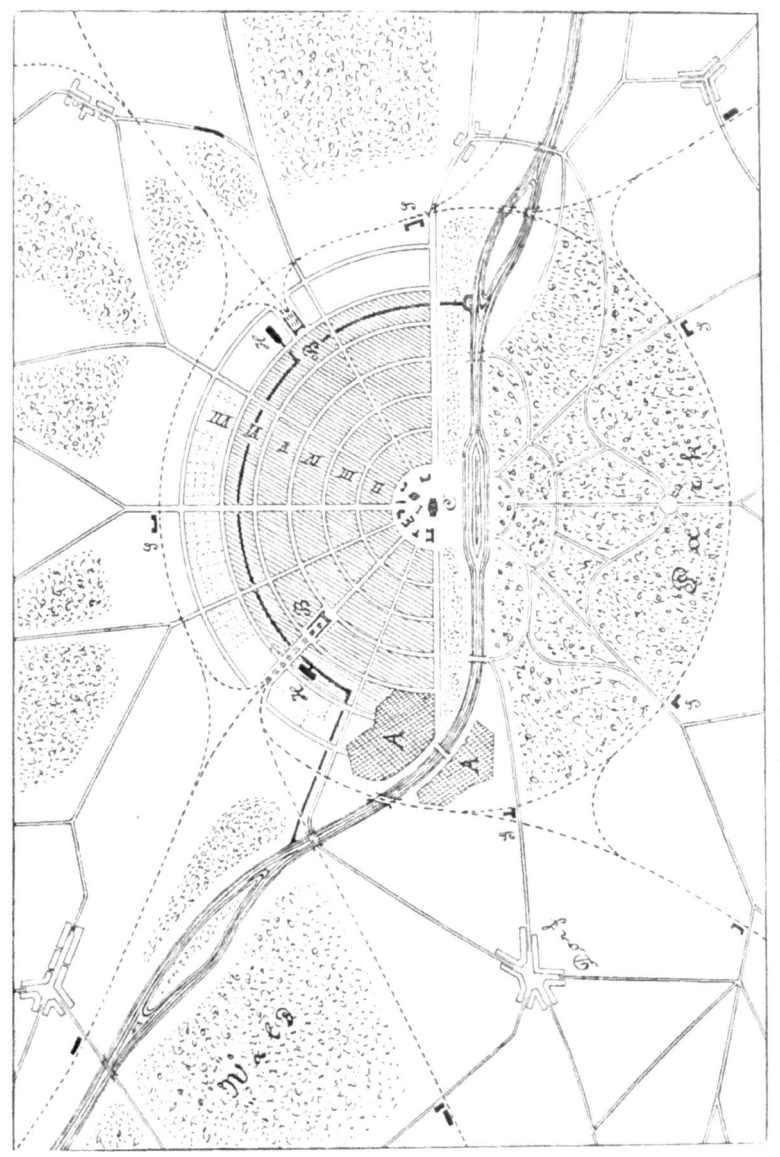

Fig. 13: Gesamt-Bild der Stadt mit Umgebung.

A—A Altstadt
B—B Bahnhöfe
H—H Häfen des Kanals
S—S—S—S Stationen der Ringbahn.

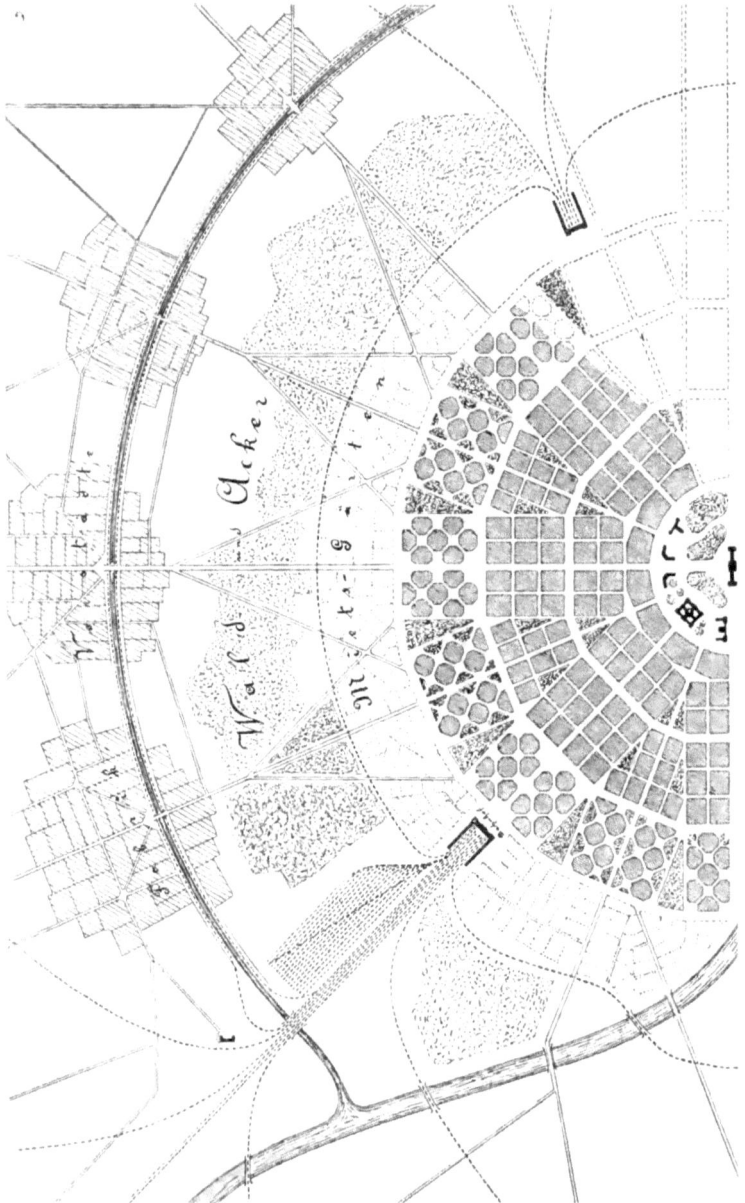

Fig. 14: Stadt mit abgesonderten Fabrik-Vorstädten.

Vorstädten auflösen, die gleichwohl durch ihre centrale Lage zur Innenstadt die gleichen Vorteile genössen, wie eine unmittelbar sich anschließende
Fabrik-Zone. — Siehe Fig. 14.

* *

Wie schon gesagt, ist die Verwirklichung des Planes gedacht auf
der Grundlage der Boden-Gemeinschaft. Der Bauende pachtet von der
Gemeinde ein Stück Land auf 60, 90, 120 Jahre. Nach Ablauf dieser
Zeit kann die Gemeinde die Rückgabe des Bodens fordern oder auch den
Vertrag unter Berücksichtigung der inzwischen veränderten Umstände er-
neuern.*)

Der Pachtpreis wird für die verschiedenen Zonen selbstverständlich
ein verschiedener sein. Um die Produktions-Verhältnisse billig zu gestalten,
muß der Boden für die Fabriken und Arbeiter-Wohnungen wohlfeil abge-
geben werden. In den heutigen Großstädten zahlt man für das an der
äußeren Peripherie gelegene Areal zu Fabrikzwecken pro Quadrat-Meter
durchschnittlich 10—25 M. Kaufpreis. Das bedeutet eine jährliche Zins-
Belastung von 40 Pfg. bis 1 Mark für den Quadratmeter. Die neue
Gemeinde, die eine große unbebaute Fläche (vielleicht geringwertiges
Ackerland) wohlfeil erwirbt, würde in der Lage sein, den Quadrat-Meter
Land für Fabrikzwecke u. dergl. gegen einen Pachtpreis von 10—20 Pfg.
jährlich abzulassen.

In den inneren Zonen würde der Pachtpreis pro ☐m auf
50 Pfg. bis 1 M. und höher steigen können. Wer in dem Mittelpunkte
einer so schönen Stadt wohnen will, würde diese Abgabe nicht zu
hoch finden. Heute zahlt man in Großstädten für Villen-Terrain (nicht
im Inneren der Stadt) mindestens 40—60 M. pro ☐m, also einen Zins
von M. 1,50—2,50 jährlich. —

Die Gemeinde-Verwaltung der Zukunfts-Stadt würde aus diesen
Pacht-Erträgen wahrscheinlich alle öffentlichen Ausgaben bestreiten können
und kaum nötig haben, die Einwohner noch mit sonstigen Abgaben zu
belästigen.

Es ist selbstverständlich, daß man dieses Bebauungs-System auch
dem weiteren Ausbau jeder bereits bestehenden Stadt zu Grunde legen
kann — sofern sich dieselbe noch nicht allzu sehr zu einem unförmlichen
Ungeheuer ausgewachsen hat. In jeder entwicklungs-fähigen Klein- und

---

*) Die englischen Verhältnisse, bei denen nach 99 Jahren der Boden mit allem
was darauf steht, unentgeltlich an die Krone bezw. die Landlords zurückfällt, sollen
hierbei nicht als Muster dienen.

Mittel=Stadt sollte man dieses Bebauungs=System in Anwendung bringen, um der Stadt die Zukunft zu sichern. Man würde nur einen außerhalb der bebauten Stadtteile günstig gelegenen ideellen Mittelpunkt zu wählen haben, um, an die bestehenden Straßenzüge anschließend, die Bebauung allmälig in das Zonen=System über zu führen. Auf dem farbigen Plane Entwurf II ist eine solche Entwicklung dargestellt, ebenso in Figur 13 der Text=Abbildungen.

*   *

Wie die Fernhaltung der Boden=Spekulation und des Hypotheken=Wuchers auf die Gesundung der gesammten Wirtschafts=Verhältnisse wirkt, dafür giebt England ein Zeugniß ab. In England giebt es keinen ver=käuflichen Grund und Boden und keine Hypotheken. Alles Land gehört der Krone und ist den Land=Lords in Lehen gegeben. Die Land-Lords genießen den Renten=Ertrag des Bodens, haben aber nicht das Recht, diesen Boden zu verkaufen oder mit Schulden zu belasten. Eine Folge davon ist, daß in der größten und volkreichsten Stadt der Welt, in London die Mieten drei bis vier mal billiger sind als in allen Großstädten des Festlandes. Man mietet dort eine Villa mit Garten und Park für den nämlichen Preis, den man in Berlin für ein armseliges enges Stockwerk zahlt. In diesen Verhältnissen wurzelt ein Stück Geheimniß der wirtschaftlichen Kraft Englands. *)

Eine Folge der teuren Mieten ist aber die fürchterliche Zu=sammendrängung der Bevölkerung auf engem Raume, die Engigkeit der Wohnungs=Verhältnisse.

Wie aber die Dichtheit der Bevölkerung in unmittelbarem Ver=hältniß zur Sterblichkeits=Ziffer und auch zu gewissen sittlichen Zuständen steht, wird durch folgende Zahlen beleuchtet:

Es kommen

	Bewohner auf 1 Haus	jährl. Sterbefälle auf 1000 Bewohner	Uneheliche Geburten auf hundert
in London	8	24	4
„ Berlin	32	25	16
„ Paris	35	28	20
„ Petersburg	52	41	26
„ Wien	55	47	31

*) Näheres siehe: „Zwei Grund-Uebel: Boden-Wucher und Börse."

Mag man nun die Zahl der außerehelichen Geburten für einen
Maßstab der Sittlichkeit erachten oder nicht: jedenfalls steht sie in einem
Verhältniß zu der Wohlhabenheit oder Kümmerlichkeit der Lebensführung
eines Volkes. Manches Kind muß bei uns nur deshalb außerehelich ge-
boren werden, weil seine Erzeuger nicht die Mittel erschwingen können,
um einen selbstständigen Haushalt zu begründen. Auch erhöht die Not
die Versuchung. — Und hieran sind wesentlich die hohen Mietpreise und
die hierdurch hervorgerufene Verteuerung der gesammten Lebensführung
mit schuld. Die hohen Mietpreise aber sind zurück zu führen auf Boden-
Verschuldung und Boden-Wucher. Diese aber wird man nicht hindern,
solange unser falsches Boden-Recht die heimatliche Scholle zum Spielball
des Leichtsinns und der Gewinnsucht macht. In einem Vaterlande, dessen
Grund und Boden mit 75 000 Millionen Mark Grundschulden belastet
ist und der deshalb einen jährlichen Zins-Tribut von 3 Milliarden auf-
bringen muß, kann auch das sparsamste und fleißigste Volk auf die Dauer
nicht gedeihen. —

* * *

Ich bin ungerecht gewesen, wenn ich behauptete, es beschäftige
sich Niemand ernstlich mit der Verbesserung des Größten und Wichtigsten,
was uns umgiebt. Ein noch Größeres als die Stadt giebt es, um dessen
Verbesserung sich Viele, nur Allzuviele bemühen: das ist der Staat.
Der Staat ist in seinem Wesen zum guten Teil ein abstrakter und theo-
retischer Begriff, und mit Abstraktionen läßt sich wunderleicht hantieren.
So lange es sich nur um theoretische Luft-Gebilde handelt, ist unsere Zeit
außerordentlich schöpferisch, aber an das greifbar Wirkliche wagt sich der
schulmäßig verbildete Verstand nur schüchtern heran. Darum nehmen die
Vorschläge, wie man den Staat zu verbessern hätte, kein Ende; leider
nimmt sich Niemand die Mühe, diese Phantasie-Staaten auf ihre Ver-
wirklichungs-Fähigkeit zu prüfen. Und fast Alle suchen das Uebel an der
Oberfläche, nicht in der Tiefe. Des Uebels Wurzel steckt — wie alle
Wurzeln — im Boden.

Stecken wir uns das Ziel darum enger! Beginnen wir damit,
eine Stadt vernünftig und planvoll zu gestalten, vielleicht, daß wir, von
einem solchen festen Punkte ausgehend, allmälig auch zu einem vernünftig
geordneten Staate gelangen.

Im Verlage von Herm. Beyer, Leipzig, erschien:

Zwei Grund-Uebel:
Boden=Wucher u. Börse.

Von Theod. Fritsch.

Preis: geheftet 2 Mark.

Der Verfasser behandelt hier in gemeinverständlicher und packender Form die brennendsten Fragen der Zeit. Er zeigt, wie der verhängnißvolle wirtschaftliche und soziale Druck, der auf unserem gesammten öffentlichen Leben lastet, seine geheimen Wurzeln hat in einer verkappten kapitalistischen Auswucherung des ganzen Volkes. Das private Besitzrecht am Grund und Boden und dessen freie Verschuldbarkeit (Hypotheken-Unwesen) sowie andrerseits die unter der Maske von Handels=Geschäften an der Börse betriebenen Machenschaften müssen hierfür die Coulissen abgeben. Der Verf. bezeichnet den „ewigen Zins" als das schleichende Uebel, das die Kraft der Nationen verzehrt, und er fordert, daß aller Zins zugleich ein tilgender sei.

Das schwierige Gebiet der Bodenrechts=Reform, das den herrschenden Anschauungen so fremdartig gegenübersteht, ist noch nirgend so klar und überzeugend behandelt worden wie hier.

Das Buch giebt ferner eine anschauliche Uebersicht über die Geschichte der Boden=Reform=Bestrebungen und auch die in dieselben eingeschleppten Irrlehren. Er wendet sich gegen die Begriffs=Verwirrungen eines Henry George und ähnlicher unklarer Köpfe. Auch die Wege zur Abhilfe sind deutlich dargelegt.

PLAN EINER ZUKUNFTS=STADT.
Entwurf I.

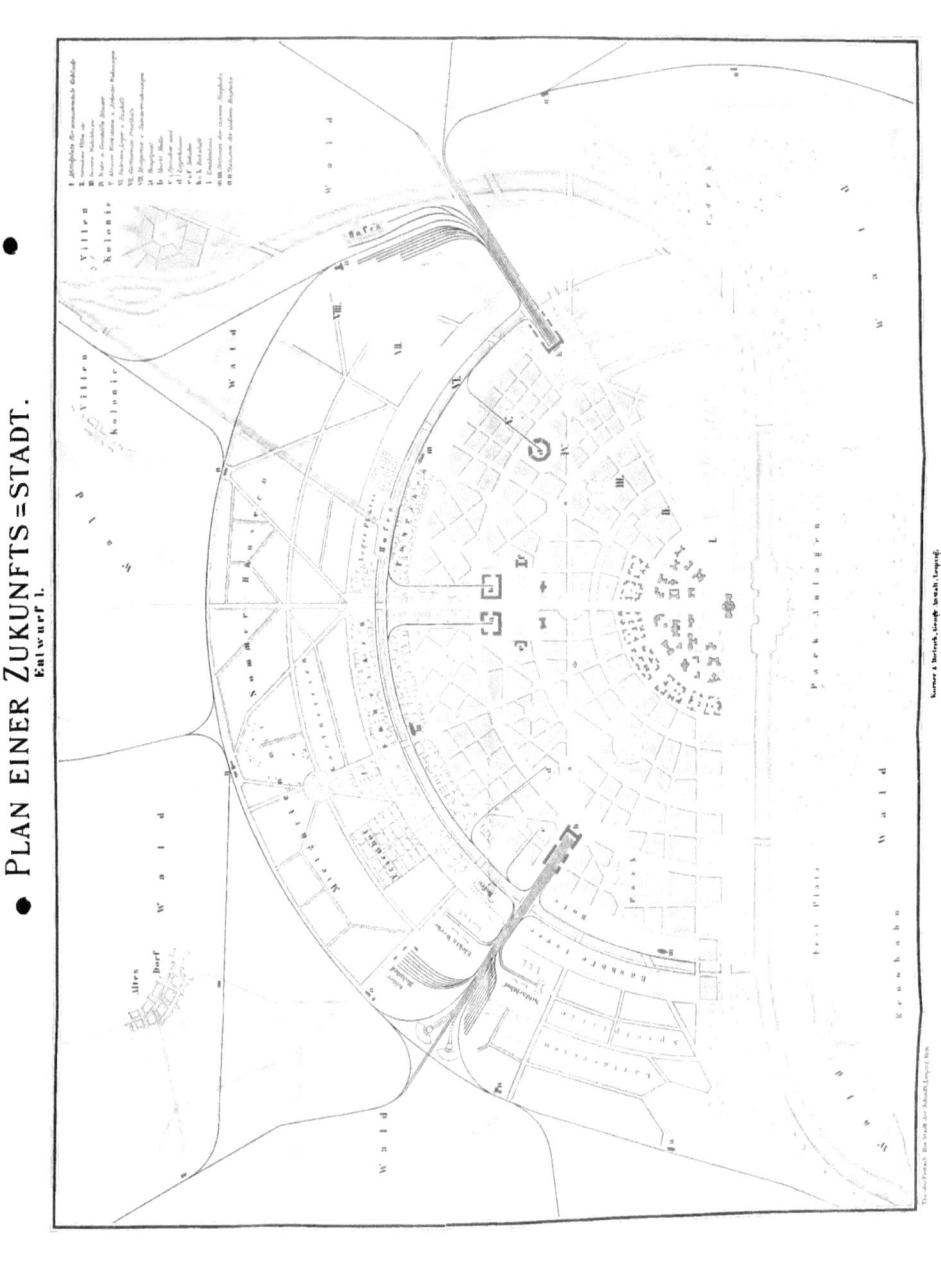

PLAN EINER ZUKUNFTS = STADT.

Entwurf II.